LUTHER-VERLAG

AUS
DER
ZEIT

Eine Geschichte aus 40 Jahren Telefonseelsorge

Birgit Knatz
Stefan Schumacher

DIE KLEINE GESCHICHTE DER KOMMUNIKATION

1953 — 1956 — 1960 — 1961 — 1962-65 — 196

1953 veröffentlichte der Pfarrer Chad Varah in London seine Telefonnummer zur Suizidprävention. Die TelefonSeelsorge war erfunden!

1956 wurde die erste TelefonSeelsorge in Berlin, die „Lebensmüdenbetreuung des Ökumenischen St. Lukas-Ordens", ins Leben gerufen.

1960 gab es nur etwas über drei Millionen Telefonanschlüsse in Deutschland: Telefonieren war Luxus!

1961 am 13. August wurde die Berliner Mauer gebaut.

1962-65 weht der „Geist des Konzils".

196 wird der Vorläufer des modernen Internets, das „Arpanet", geboren: Das weltweit erste Netzwerk, in dem Datenpakete und Komponent ausgetauscht werden können.

verabschiedet der Bundestag die modifizierte Indikationsregelung: Der Schwangerschaftsabbruch bleibt innerhalb festgelegter Fristen straffrei, wenn eine Indikationen vorliegt.

am 3. April startet die TelefonSeelsorge Hagen mit fünfundfünfzig ehrenamtlichen Mitarbeiterinnen und Mitarbeiter.

Der Bericht über die Lage der Psychiatrie in der Bundesrepublik Deutschland – so die offizielle Bezeichnung der Psychiatrie-Enquete – wurde im September 1975 fertig gestellt.

berichten prominente Frauen im Stern: „Wir haben abgetrieben." Frauen dürfen ohne Zustimmung des Ehemannes arbeiten.

1971 — 1972 — 1974 — 1975 — 1976 — 1977

…g die Zahl der Telefonanschlüsse bei über zehn Millio-…en. Im A- und B-Funktelefonnetz gab es um die zwanzig-…ausend Benutzer – bei einer Monatsgrundgebühr von 475 …-Mark und einem Minutenpreis von DM 3,80.

…er TelefonSeelsorge wurde zuerkannt, dass sie „zum …ichern menschlichen Lebens und zum Aufrechterhalten …er öffentlichen Ordnung und des Verkehrs" unbedingt …etriebsfähig sein müsse und deswegen einen Anspruch …uf einen entsprechenden Entstörservice hat.

…ay Tomlinson erfindet die „E-Mail"

Mit dem Fernsprechapparat der Baureihe 7 wird in Deutschland das Tastentelefon eingeführt.

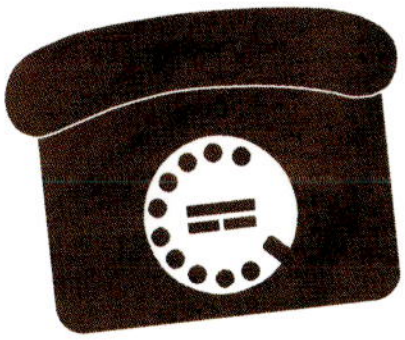

wird die Ortszeitzählung eingeführt.

Die Deutsche Bundespost gewährt der TelefonSeelsorge die bundeseinheitlichen Sonderrufnummern 11101 und 11102 (zuzüglich der Ortsvorwahl). Damit wird die TelefonSeelsorge von der Einführung des Zeittaktes ausgenommen.

1980

1981

erschien erstmals ein Artikel über Aids.

1984

gibt es Deutschlands erste E-Mail.

1985

wird mit „nordu.net" die erste Domain der Welt registriert, sie verbindet alle nordischen Länder miteinander.

1987

erregte das Buch „Interviews mit Sterbenden" von Elisabeth Külbe Ross großes Aufsehen, es trug da bei, dass Sterben, Tod und Trauer öffentliche Aufmerksamkeit erlangten.

198

fällt die Mauer und d World Wide Web wir erfunden.

1992 — 1993 — 1994 — 1995 — 1997 — 1998

1992

rd Maria Jepsen
e erste Bischhöfin.

1993

gingen die ersten Internet-Browser an den Start.

Der Mobilfunkstandard Global System for Mobile Communications (GSM) wurde eingeführt, das D-Netz aufgebaut.

1994

gibt es die ersten Suchmaschinen.

1995

beginnt die TelefonSeelsorge als erste deutschsprachige Einrichtung die Beratung per E-Mail.

1997

feiert die TelefonSeelsorge Deutschland ihr 40 jähriges Jubiläum: „Ehrenamt im Wandel". Bundesweit werden die einheitlichen und gebührenfreien Rufnummern 0800/111 0 111 und 0800/111 0 222 eingeführt. Die Gebühren trägt die Deutsche Telekom, die auch dafür sorgt, dass diese Anrufe nicht in den Einzelverbindungsnachweisen erscheinen.

1998

hat sich die Zahl der Anrufe seit der Gebührenfreiheit verdreifacht.

1998 gibt das Bundesministerium der Finanzen eine Briefmarke „Telefonseelsorge" mit einem Wert von 110 Pfennig heraus.

wird die erste Webseite der TelefonSeelsorge Hagen-Mark: www.telefonseelsorge-hagen.de eingerichtet.

Die TelefonSeelsorge Hagen-M präsentiert sich in dem sozialer Netzwerk facebook.

Umzug der TelefonSeelsorge Hagen-M in das ökumenische und evangelische Zentrum „Himmel@Erde". Ein zweites Notrufzimmer wird eingerichtet, die Chatberatung wird weiter ausgebaut.

1999 — 2001 — 2003 — 2006 — 2009 — 201(

wird das „Highspeed-Internet" eingeführt.

Der Name "TelefonSeelsorge" mit großem Binnen-S wird patentrechtlich geschützt.

erlebt Deutschland mit der WM ein Sommermärcher was den Blick auf das Landverändert.

Statistisch kam auf jede Einwohnerin und jeden Einwohner mindestens ein Handy.

das Projekt Reden-ist-gold.org
wird installiert.

- 2012 — 2013 — 2014

2013: wird die servergestützte Software-Plattform ACD zur automatische Verteilung von Anrufen eingeführt.

2014: 40-jähriges Jubiläum TelefonSeelsorge Hagen-Mark

Bibliographische Information der Deutschen Nationalbibliothek
Die Deutsche Nationalbibliothek verzeichnet diese Publikation
in der Deutschen Nationalbibliographie;
detaillierte bibliographische Daten sind im Internet
über http://dnb.d-nb.de abrufbar.
ISBN: 978-3-7858-0646-3

Umwelthinweis:
Dieses Buch wurde auf chlorfrei gebleichtem Papier gedruckt.

Umschlaggestaltung: tiefscharz und edelweiß
Satz: tiefscharz und edelweiß, Hagen
Fotoquelle: tiefschwarz und edelweiss, Archiv der TelefonSeelsorge Hagen-Mark
Druck und Bindung: ROSCH-Buch Druckerei GmbH, Scheßlitz
Printed in Germany

DANK

Wir danken den Trägern der TelefonSeelsorge Hagen-Mark, dem Kirchenkreis Hagen und dem Erzbistum Paderborn, ohne deren Einsatz die Finanzierung der TelefonSeelsorge Hagen-Mark nicht möglich wäre. Dem Kuratorium danken wir für die wohlwollende Unterstützung der nicht immer einfachen Arbeit.

Bedanken möchten wir uns bei dem ökumenischen Förderverein der Telefonseelsorge Hagen e.V., der durch seine finanzielle Unterstützung dafür Sorge trägt, dass wir uns eine gute Öffentlichkeitsarbeit leisten können.

Unser Dank geht auch an die Supervisorinnen und Supervisoren, die Referentinnen und Referenten, die durch ihre Fachlichkeit mit dazu beitragen, dass die Arbeit gelingt und sich weiterentwickelt.

Danken möchten wir ebenfalls den Nachbarstellen Dortmund und Bochum, mit denen wir seit über 18 Jahren zuverlässig kooperieren und bei den Kolleginnen und Kollegen der anderen westfälischen Stellen, mit denen wir in einem regelmäßigen fachlichen Austausch stehen. Auch der Austausch mit den vielen anderen Stellen in Deutschland, Österreich, den Niederlanden, Belgien und der Schweiz hat uns über die Jahre sehr bereichert. Last but not least möchten wir die unterstützende Arbeit der beiden Bundesvorstände, ihrer Arbeitsgruppen und die Geschäftsführungen erwähnen, die sich um das bundesweite Telefon-Routing und die technische Realisierung der Internetarbeit kümmern, die Öffentlichkeitsarbeit bundesweit steuern sowie die fachliche Vernetzung landesweit koordinieren.

Unser Respekt und Dank gehört allen Anruferinnen und Anrufern, Mailerinnen und Mailern, Chatterinnen und Chattern für Ihr Vertrauen, Ihren Mut und Ihre Offenheit.

Unser ganz besonderer Dank geht an alle ehrenamtlichen Mitarbeiterinnen und Mitarbeitern, ohne die es diese Arbeit am Tage und in der Nacht nicht gäbe.

KAFFEE RIECHT WIE FRISCH GEMAHLENER HIMMEL

JESSI LANE ADAMS

Wir laden Sie ein auf eine Tasse Kaffee mit Geschichten
aus der TelefonSeelsorge Hagen-Mark

INHALTSVERZEICHNIS

VORWORT

EINE GESCHICHTE AUS 40 JAHREN TELEFONSEELSORGE

DIE KIRCHLICHE PRÄGUNG DER GESELLSCHAFT HAT SICH IN DEN LETZTEN JAHRZEHNTEN GEWANDELT.

Menschen leben heute in vielfältigen Glaubenswelten. Streift man durch das Einzugsgebiet der TelefonSeelsorge Hagen-Mark, so finden sich neben den Kirchen auch Moscheen, Synagogen, Gebetsstätten und religiöse Zentren unterschiedlichster Art. Neben der Vielfalt an Glaubensgemeinschaften gibt es viele Menschen, die keiner Kirche mehr zugehören. Was im Alltagsleben der Menschen unverändert geblieben ist, sind existenzielle Fragen und das Bedürfnis und die Hoffnung mit den ungelösten Problemen von Sinnsuche, Beziehungsgestaltung, Einsamkeit, Krankheit oder materieller Not nicht alleine zu bleiben.

Sorgen kann man teilen – das ist die Botschaft der TelefonSeelsorge; anonym, kompetent und rund um die Uhr. Das Leitungsteam der TelefonSeelsorge Hagen-Mark hat aus Anlass des 40-jährigen Jubiläums die vergangenen Jahrzehnte durchforstet und jene Meilensteine be-

DAS ENGAGEMENT DER KIRCHEN, MENSCHEN NAHE ZU SEIN, VERWIRKLICHT DIE TELEFONSEELSORGE IN HAGEN SEIT VIERZIG JAHREN

leuchtet, in der das ökumenische Engagement vieler hundert ehrenamtlich engagierter Menschen gesellschaftliche Besonderheiten ans Tageslicht bringt.

Der Streifzug durch die Dekaden lässt Erinnerungen „Aus der Zeit" wach werden, die kulturell und gesellschaftspolitisch Gewicht hatten. Es ist verblüffend zu lesen, wie sich ökonomische, soziale und individuelle Nöte in den Gesprächen der TelefonSeelsorge gespiegelt haben, oft deutlich früher als sie in der Öffentlichkeit Aufmerksamkeit fanden: Einsamkeit, Zukunftsangst, Armut und Schnelllebigkeit Themen die erkennbar machen, wie die Herauslösung aus dem traditionellen Rollen- und Sozialgefüge, hin zum Selbstmanagement in einer Spaß- und Erlebniswelt stattfand. Die Balance von Individualität und Flexibilität einerseits und die Sehnsucht nach Zugehörigkeit und Geborgenheit andererseits bis hin zu der Bewältigung eines Daseins ohne Struktur und Verbindungen waren und sind Ungewissheiten, mit denen sich Menschen an die TelefonSeelsorge wandten.

Das Engagement der Kirchen, Menschen nahe zu sein, verwirklicht die TelefonSeelsorge in Hagen seit vierzig Jahren. Wir sind froh und stolz, dass es über so viele Jahre ein ökumenisch getragenes, verlässliches ehrenamtliches Engagement von Frauen und Männern in Hagen gibt, die Menschen Tag und Nacht zur Seite stehen für eine Aus-Zeit – eine Tasse Kaffee auf beiden Seiten der Leitung – für emotionale Entlastung, für ein Ohr, eine Stimme, ein tröstendes Wort.

Superintendentin Verena Schmidt
und Dechant Dieter Osthus

EINLEITUNG

Vierzig Jahre TelefonSeelsorge in Hagen, das sind 340.500 Stunden, in denen gut ausgebildete Frauen und Männer ehrenamtlich ihren Mitmenschen zur Verfügung standen. Das sind ebenso viele Stunden, in denen auch Kaffee getrunken wurde; das sind 450.000 Anrufe, tausende von Mails und Chats, 600 Frauen und Männer, die für die Arbeit ausgebildet wurden, tausende von Supervisionen und Fortbildungen, Studienfahrten und Kongresse.

Ohne Zahlen geht es nicht. Wer sich ein Bild eines Unternehmens machen will, muss auf die Zahlen schauen, auf die aktuelle Entwicklung, auf Faktoren, die Schlüsse über die Zukunft zulassen. Doch wie tief man auch in die Analyse einsteigen mag – zu glauben, auf diese Weise ließe sich ein treffendes Bild zeichnen, ist eine Illusion. Dafür sind Zahlen zu abstrakt. Sie bedürfen eines Kontexts, der dem Ganzen einen Sinn verleiht.

Und so finden Sie hier neben Hochrechnungen und realen Begebenheiten Gründermythen, Anekdoten und Geschichten aus unserem TelefonSeelsorge-Leben. Sie haben die TelefonSeelsorge Hagen-Mark geprägt, haben Identität gestiftet und Werte vermittelt. Je stärker die Geschichten sind, umso höher ist die Wahrscheinlichkeit, dass sie weitererzählt werden und Wirkung erzielen. Was nicht weitergetragen wird, gerät in Vergessenheit und so soll unser Jubiläumsheft mit dazu beitragen, dass Geschichten nicht vergessen werden.

▶

40 JAHRE, 340.500 STUNDEN, 450.000 ANRUFE, 600 FRAUEN UND MÄNNER

Wie an anderen Arbeitsplätzen auch spielten das Kaffeekochen und das Kaffeetrinken eine wichtige Rolle im TelefonSeelsorge-Alltag. Eine Tasse Kaffee bedeutet eine Auszeit nach einem Telefonat, hält wach für die Anrufe in der Nacht oder weckt die Lebensgeister am Morgen. Auch der soziale Aspekt, die gemeinsame Kaffeepause während einer Supervision oder Fortbildung, ist für die Arbeit und das Beisammensein wichtig. Das Kaffeetrinken findet auf beiden Seiten der Leitung statt: So fragte eine Anruferin, ob sie sich einen Kaffee holen kann, was den Telefonseelsorger ebenfalls auf den Geschmack brachte und beide konnten die Situation bei einer gemeinsamen Tasse Kaffee besprechen. Oder die Chatterin, die brb (be right back) schrieb und auf Nachfrage antwortete, sie habe sich einen „Latte" geholt.

Anfang der siebziger Jahre, als unsere Stelle eröffnet wurde, war es durchaus üblich, kalten Kaffee wieder zu erhitzen; heute finden wir aufgewärmten Kaffee eklig, ein Vollautomat sorgt jederzeit für frischen Kaffee. So wie sich die Art des Kaffeetrinkens geändert hat, so hat sich auch unsere Gesellschaft verändert. Lebten wir bis in die siebziger Jahre mit Werten wie Sparsamkeit und Wiederverwertung, so leben wir heute in einer Wegwerfgesellschaft, mit einer Gegenströmung, die dies immer wieder anklagt.

Die Kaffeewerbung spiegelt diese gesellschaftlichen Realitäten und Sehnsüchte deutlich wider: In der Not der unmittelbaren Nachkriegszeit gab es Muckefuck, echter Bohnenkaffee war ein Luxusgut und Objekt der Sehnsucht. In der Umbruchsphase Ende der Fünfziger ging der Blick nicht mehr auf Entbehrtes, sondern auf Begehrtes. Jacobs Kaffee warb mit einer alten Dame (Omatyp), die genau jene Werte vermittelt, die auch in der Politik erfolgreich die Stimmung der Zeit trafen. In den siebziger und achtziger Jahren rettet die Gattin ihre Ehe, in dem sie dem Herrn Gemahl Jacobs Krönung anbietet. In den neunziger Jahren, in der es in den Großstädten genauso viele Single- wie Familienhaushalte gab, zeigt ein Werbespot, wie Herr Angelo, der charmante Italiener, seiner

TS-Geburtstag 2. April 1972

hübschen Nachbarin einen Nescafé Cappuccino anbietet. Heute lächelt uns George Cloony mit Eleganz und Stil entgegen. Gleichzeitig nimmt eine Schweizer Hilfsorganisation seinen Nespresso-Werbespot in einem Clip auf die Schippe.

UNSER DANK GEHT AN DIE EVANGELISCHE UND KATHOLISCHE KIRCHE, OHNE DIE ES DIESE ARBEIT NICHT GEBEN WÜRDE

„Der Schauspieler wird von einem herabstürzenden Nespresso-Schild getroffen. Dazu die Stimme Gottes: „Sorry George. So fühlt es sich an, wenn man als Kaffeepflücker ausgebeutet wird. Nespresso ist einer der teuersten Kaffees der Welt. Aber leider immer noch nicht fair gehandelt." (Im Orginalfilm stürzt ein Klavier auf ihn herab und Clooney findet sich vor Gott wieder und bettelt um eine zweite Chance. Er bekommt sie, weil er den Schöpfer mit der eben erworbenen Kaffeemaschine gnädig stimmen konnte.)

Und nun laden wir Sie ein, vielleicht mit einem Tässchen Kaffee, uns auf der Reise durch vierzig Jahre TelefonSeelsorge Hagen-Mark zu begleiten!

ÖKUMENE

Die TelefonSeelsorge in Hagen war von Anfang an ein ökumenisches Projekt. Vorausgegangen war 1969 eine fünfjährige Anlaufzeit der evangelischen und der katholischen Kirche in Hagen. Eine Arbeitsgemeinschaft begleitete den Aufbau durch bundesweite Hospitation und Qualifizierung. 1972 erklärten sich beide Kirchen bereit, die Kosten zu je 50 Prozent zu übernehmen. Es bildete sich ein Kuratorium, ein Vertrag wurde ausgearbeitet und eine Dienststelle eingerichtet. Die Geschäftsführung übernahm der Katholische Gesamtverband. Die beiden Leitungsstellen wurden mit dem katholischen Priester Bruno Schnaas und dem evangelischen Diplom-Sozialpädagogen Friedl Eichler besetzt. Im Frühsommer 1973 begann die Schulung der ehrenamtlichen Mitarbeiterinnen und Mitarbeiter. Hundertzwanzig hatten sich beworben, fünfundfünfzig hatten am Eröffnungstag die Qualifizierung erreicht. Was waren das für Leute, die sich für dieses Engagement interessierten und mit welcher Haltung machten sie ihren Dienst? Es waren Christinnen und Christen im Geiste des ökumenischen Aufbruchs. Besonders die Katholiken konnten sich unter dem gewandelten theologischen Verständnis des zweiten Vatikanischen Konzils vom „Allgemeinen Priestertum" berufen fühlen, mit den evangelischen Christen seelsorgliche Gesprächsführung im Feld von Beratung und Seelsorge anbieten. Die Ehrenamtlichen der ersten Stunde stehen stellvertretend für einen Epochenwandel und ein verändertes Bild von Kirche: „Menschheit am Wendepunkt", so lautet im Gründungsjahr der deutsche Titel des 2. Berichts an den Club of Rome zur Weltlage. Auch die beiden Kirchen stehen an der Pforte zur post-christlichen Gesellschaft. In den kommenden Jahrzehnten sollte ein deutlicher Rückgang der Mitgliederzahlen das Ende der Volkskirche einläuten. Hintergrund war das veränderte Bewusstsein hin zu individuellen Lebensbezügen, die der Theologe Paul Zulehner mit dem Begriff des „Auswahlchristentum" beschreibt. Evangelische wie katholische Christen fühlen sich frei, die für sie relevanten Inhalte ihres Glaubens selbstständig zu wählen. Selbst kirchennahe Christen gestatten ihrer Kirche nicht mehr, sich mit lehramtlichen Moralvorstellungen in das private

Leben einzumischen. Konsequenz der gesellschaftlichen Individualisierung ist der uneingeschränkte religiöse Pluralismus: Das Christentum beginnt sich auszudifferenzieren in exklusive Christen, allgemein religiöse Christen, religiöse Humanisten, Neureligiöse und Humanisten ohne religiöses Bekenntnis.

Gegenwärtig sind wir in einer Zeit der „unsichtbaren Religion" angekommen. Glaubensfragen sind zunehmend Privatsache geworden. Die institutionelle Religion wird abgelöst von einer traditionsarmen individuellen Religiosität als einer Verflüchtigung ins Private. Privat bedeutet hier: Die letzten Fragen menschlicher Existenz berühren in erster Linie die zwischenmenschlichen Beziehungen, die persönliche Selbstentfaltung und die Identitätsfindung in Familie, Freundeskreis und beruflicher Rolle. Der Soziologe Ulrich Beck hat das „Nachreligion der Liebe" genannt.

Hier könnte eine Erklärung für die Erfolgsgeschichte von TelefonSeelsorge liegen – sowohl hinsichtlich ihres ökumenisch-institutionellen Konzepts, aber auch durch den zuverlässigen Zustrom von Ehrenamtlichen und der kontinuierlich anwachsenden Nutzung durch Ratsuchende: Der anonyme, private und zugleich institutionell verankerte Gesprächsraum von Mensch zu Menschschlägt eine Brücke zwischen institutioneller Religion und individualisierter Religiosität: Das seelsorgliche Gespräch als geschulter Dialog, das nicht zwingend religiöse Inhalte zum Thema haben muss.

TelefonSeelsorge und TelefonSeelsorge im Internet bieten jedem die begleitende Einordnung der eigenen Brüche, Widersprüche und Verletzungen an und eröffnen die Chance, das Vakuum des Mangels an vertrauter und bewährter Erfahrung im Umgang mit den ersten und letzten Fragen des Lebens zu überwinden. Nirgendwo befindet sich Kirche in ökumenischer Verbundenheit institutionell so nahe und unmittelbar an den Kernfragen und Leiderfahrungen menschlichen Daseins in der Gesellschaftsstruktur der Nachmoderne.

01

FILTERKAFFEE

Melitta Benz, eine Hausfrau aus Dresden, fühlte sich gestört durch den unbekömmlichen Kaffeesatz beim Kaffeebrühen und tüftelte an einem „mit Filterpapier arbeitenden Kaffeefilter mit auf der Unterseite gewölbtem Boden sowie mit schräg gerichteten Durchflusslöchern“ – so bescheinigte es das Kaiserliche Patentamt im Juni 1908 in einem Gebrauchsmusterschutz.

Melitta Benz und ihre innovativen Fähigkeiten entsprachen genau jenem Frauentypus, der auch die Anfänge der TelefonSeelsorge repräsentiert: engagiert, kreativ und unverdrossen Probleme anzugehen und nach Lösungen zu suchen.

Mit dieser Erfindung, hergestellt aus einer Blechdose, deren Boden die findige Dame mit Hammer und Nagel durchlöchert und mit einem Stück Löschblatt aus dem Schulheft ihres Sohnes belegt hatte, beginnt die Karriere von Melitta-Filterkaffee.

Die erste Melitta-Papierfabrik wird in den fünfziger Jahren in Minden gebaut. In ihr arbeitet die damals modernste Papiermaschine Europas. Ein Werbespot in einer Länge von fast viereinhalb Minuten symbolisiert die heile familiäre und häuslich geprägte Mitte der Gesellschaft in der wieder aufstrebenden Nation – bescheiden, fleißig, liebevoll und traditionell präsentiert sich Kaffeegenuss als feine aromatische Annehmlichkeit, die mit viel Hingabe zelebriert wird und uns zum Zeugen einer Szenerie macht, in der die kleine heile Welt noch oder schon wieder in Ordnung ist.

01

DIE FÜNFZIGER UND SECHZIGER JAHRE – DEN WANDEL AKZEPTIEREN

VON DER NORM-KULTUR ZUR POP-KULTUR

Die 50er Jahre in Deutschland sind im Bild der Gesellschaft sehr unterschiedlich geprägt. Während es für die einen eine Zeit muffiger, unpolitischer Spießigkeit darstellt, ist es für andere eine Zeit des Optimismus, des Aufbruchs und der Schaffenskraft. Mit den Erfahrungen des Krieges im Rücken strebte man vor allem nach Ruhe und Sicherheit und pflegte alte autoritäre Wertemuster in Ehe und Familie. Die Gesellschaft im Westen zeigt durch ihren Fleiß bald die ersten Konturen des Wirtschaftswunders durch den Autoboom und den Siegeszug von Elektro- und Luxusgütern. Es gab einen ausgeprägten Hang zur Häuslichkeit, die das Beisammensein innerhalb der Familie betonte.

1960 gab es in 14% aller Haushalte ein Telefon, während der Fernseher millionenfach in den Wohnzimmern Einzug gehalten hatte. Jene heile Welt der „goldenen Jahre" wurde im Laufe der 60er Jahre abgelöst durch die politische Liberalisierung, ausgelöst und vorangetrieben durch die junge Generation, deren kulturelles Mekka in jener Zeit in Großbritannien lag. Der Slogan „Trau keinem über 30" symbolisierte den zunehmenden Konflikt zwischen den Generationen und immer mehr Jugendkulturen bekennen sich zu den von Eltern und Erziehern bekämpften Werten wie Körperlichkeit, Genuss und Sinnlichkeit. Die heute übliche kompetente Berichterstattung von namhaften Feuilletons zu Rockkonzerten, Fernsehshows oder Blockbustern wäre in den 60er Jahren undenkbar gewesen. Die Halbstarken mit ihrer Urwaldmusik wurden zur Herausforderung für die überkommene hierarchische Werteordnung zwischen Geschlechtern, Rassen und Klassen.

ANFÄNGE DER TELEFONSEELSORGE DEUTSCHLAND

Am 6. Oktober 1956 wird die erste TelefonSeelsorge in Deutschland in Berlin aus der Taufe gehoben. Die Initiative ging aus von einer kleinen Gruppe engagierter Menschen: Ein Arzt, ein Pastor, eine Pädagogin, ein Jurist und einige Studenten sind es, die in einer Privatwohnung ein kleines Büro einrichten und von dort einen telefonischen Notdienst rund um die Uhr bereitstellen. Tagsüber finden auch persönliche Beratungen statt. Immerhin schon über 600 Anrufe waren es, die bis Ende des Jahres dort eingegangen waren.

DIE STELLE HIESS ZU BEGINN NOCH „LEBENSMÜDENBERATUNG"

Die Stelle wurde nach dem Vorbild der Samaritans konzipiert und aufgebaut und hieß zu Beginn noch „Lebensmüdenberatung". Die 1953 in England gegründete Organisation der Samaritans verdankt ihre Initiative dem anglikanischen Geistlichen Chad Varah. „Bevor Sie sich umbringen, rufen Sie mich an", war eine Anzeige in einer Londoner Tageszeitung, die bis heute als Initialzündung der TelefonSeelsorge weltweit gilt. Varahs Konzeption für die telefonische Begleitung von Selbsmordgefährdeten sah das Konzept des „Befriending" vor. Grundvoraussetzung war dafür das unbedingte Zuhören ohne Ratschläge, ohne Beurteilung, ohne moralische oder religiöse Einflussnahme. Die eigentliche Idee für die Gründung eines Suizidpräventionstelefons entstammt einer Beerdigung, die Chad Varah für ein 14-jähriges Mädchen vornehmen musste. Diese war mit Beginn ihrer ersten Blutung zu der Überzeugung gelangt, an einer ernsthaften Geschlechtskrankheit zu leiden, und weil sie keinen Gesprächspartner hatte, dem sie sich mit ihrem intimen Problem anvertrauen konnte, entschloss sie sich schließlich, sich das Leben zu nehmen.

1974, im Gründungsjahr der TelefonSeelsorge Hagen-Mark, gründete Chad Varah Befrienders International, die erste weltweite Organisation, die alle lokalen Stellen und Initiativen der Samaritans in einer gemeinsamen Körperschaft einband.

„BEVOR SIE SICH UMBRINGEN, RUFEN SIE MICH AN“,

war eine Anzeige in einer Londoner Tageszeitung, die bis heute als Initialzündung der TelefonSeelsorge weltweit gilt.

EHRENAMT

MAN KANN SEIN LEBEN WEDER VERLÄNGERN, NOCH VERBREITERN – NUR VERTIEFEN

GORCH FOCK

Die ehrenamtlichen Mitarbeitenden erlangen einen Einblick in Themen, die uns Menschen bewegen und beschäftigen. Häufig sind dies keine angenehmen Themen, sondern Tabuthemen, die lieber nicht ausgesprochen werden, weil man sich schämt oder Angst vor einer unangenehmen Reaktion des Gegenübers fürchtet. Es sind Probleme, die wunde Punkte in unserer Gesellschaft berühren. Es sind Dinge im Leben, bei denen wir gescheitert sind, wo wir Schiffbruch erlitten haben, wo uns etwas misslungen ist, wo wir uns in einer Krise befinden, Situationen, in denen wir oder unsere Kinder es zu nichts gebracht haben. Unsere Ehe ist gescheitert, die Kinder sind psychisch erkrankt, jemand aus der Familie hat sich umgebracht, es ist keine Arbeit mehr da. Wir haben uns zu etwas hinreißen lassen, haben Gewalt angewendet, sind einsam oder krank.

Themen wie diese können nicht nur mit gesundem Menschenverstand begleitet werden, dazu braucht es eine solide Qualifizierung. Ehrenamtlich Mitarbeitende werden für die Aufgabe ausgewählt; sie erhalten eine Ausbildung mit einem Umfang von 600 Stunden. Zur weiteren Qualifizierung nehmen sie an vierwöchigen Supervisionen teil und vertiefen ihre Kenntnisse durch regelmäßige Fortbildungen. So bietet das freiwillige Engagement die Chance, etwas hinzuzulernen.

WER ENGAGIERT SICH IN DER TELEFONSEELSORGE?

Die Altersspanne der ehrenamtlich Tätigen in der TelefonSeelsorge reicht von jungen Erwachsenen bis zu Männern und Frauen im Rentenalter. Über die Hälfte der Ehrenamtlichen sind im mittleren Lebensalter zwischen 30 und 59 Jahren, aber auch über 70-Jährige arbeiten in unserer TelefonSeelsorge mit. Viele Ehrenamtliche sind verheiratet, zwei Drittel gehören einer christlichen Konfession an und haben einen hohen Bildungsstandard. Die Gruppe der Ehrenamtlichen der TelefonSeelsorge unterscheidet sich in ihrer Zusammensetzung deutlich von der Bevölkerungsstruktur der Bundesrepublik Deutschland. Die Ehrenamtlichen sind gebildeter und älter als der Durchschnitt, es sind deutlich mehr Frauen aktiv als Männer und sie legen großen Wert auf fachli che Ausbildung, Unterstützung und Qualität ihrer Arbeit. Die TelefonSeelsorge wird getragen von einer hochqualifizierten, engagierten Bevölkerungsgruppe mit viel Lebenserfahrung.

WARUM ENGAGIEREN SICH EHRENAMTLICHE?

Wer bis zu 30 Stunden monatlich ehrenamtlich arbeitet, hat gute Gründe, wie z.B.: die eigenen Möglichkeiten entdecken und ausprobieren, was Neues wagen, sich besonderen Herausforderungen stellen. 94 Prozent der Ehrenamtlichen sind „sehr zufrieden" oder „zufrieden" mit ihrem Engagement. Bei einer Umfrage im Jahre 2003 in der TelefonSeelsorge Hagen-Mark wurde den ehrenamtlichen Mitarbeiterinnen und Mitarbeitern die Frage gestellt: „Warum engagieren Sie/engagierst Du Dich ehrenamtlich?" Von den Mitarbeitenden gaben alle an, dass sie von der Ausbildung, Schulung, Supervision, Fortbildung und Weiterbildung für sich profitieren. Sie nutzen die Erkenntnisse und Erfahrungen aus den Kommunikationstheorien in ihren privaten und beruflichen Kontexten, sie erleben die ehrenamtliche Tätigkeit als sehr bereichernd für ihr Leben.

Frauen nach der Familienphase versuchen über die ehrenamtliche Tätigkeit in der TelefonSeelsorge und die damit verbundene Qualifikation einen Wiedereinstieg in das Berufsleben zu finden, sich für ihre jetzige berufliche Tätigkeit weiter zu qualifizieren oder wollen neben der Familie auch etwas andres „für sich" tun.

Frauen und Männer streben nach dem Ausscheiden aus dem Berufsleben wieder eine sinnvolle Tätigkeit an. Alle ehrenamtlichen Mitarbeitenden gaben an, dass das Gemeinschaftsgefühl sie sehr für die ehrenamtliche Arbeit motiviere. Eine auffallende Wahrnehmung der Befragung war, dass die meisten Mitarbeiterinnen und Mitarbeiter etwas Befriedigendes tun wollen und sie sich dafür auch eine qualifizierte Ausbildung und Begleitung wünschen. Geben und Nehmen müssen stimmen, müssen in einem ausgewogenen Verhältnis nebeneinander stehen.

02

KAFFEEMASCHINE

Die erste moderne Filter-Kaffemaschine wurde 1954 unter dem Namen Wigomat patentiert. Maschinen von AEG, Melitta, Solis oder Douwe-Egberts waren zunächst nur eingekaufte Varianten von Wigomat. Erst mit Auslaufen der Patente begann die preisliche und qualitative Abwärtsspirale der Filterkaffeemaschine. Den Durchbruch in den Massenmarkt schaffte sie erst in den 1970er Jahren. Das bis heute übliche System, mit dem das Wasser erhitzt wird und portionsweise durch den mit speziell gemahlenem Kaffee gefüllten Kaffeefilter in eine Kanne mit Wärmeplatte sickert, setzte sich damals durch.

In der TelefonSeelsorge wurde die Kaffeemaschine im Rahmen der Gruppensitzungen ein wichtiges Requisit. Nun mussten wir den Kaffee in den Pausen nicht mehr langwierig aufbrühen, wir konnten ihn parallel zur Arbeit voll automatisch zubereiten. Und in einer Thermoskanne ließt er sich auch in den Dienstzimmern deponieren.

02

DIE SIEBZIGER JAHRE - HABEN ODER SEIN

IN DEN SIEBZIGER JAHREN ENTWICKELTE SICH DIE POSTINDUSTRIELLE GESELLSCHAFT, DIE SOZIOLOGISCH SOWOHL ALS ERLEBNIS – ALS AUCH ALS RISIKOGESELLSCHAFT BESCHRIEBEN WIRD.

In Deutschland wuchs der Wohlstand, gleichzeitig begann mit der Ölkrise die Massenarbeitslosigkeit, und die atomare Bedrohung bestand nach wie vor. Das Volkseinkommen entwickelte sich am oberen und am unteren Rand der Gesellschaft ungleichmäßig. Das Einkommen der Selbstständigen stieg über die Jahre ständig, während immer mehr durch die Maschen des sozialen Netzes fielen: Alleinerziehende, Langzeitarbeitslose, kinderreiche Familien und Ausländer. Zugleich setzte sich die Medienrevolution fort. Der Medienkonsum in der Freizeit stieg von zwei auf drei Stunden im Tagesdurchschnitt an, es gab eine flächendeckende Versorgung mit elektronischen Massenmedien.

Im Zentrum der gesellschaftlichen Veränderung stand das Phänomen der Individualisierung und Pluralisierung von Lebensentwürfen: Man heiratete weniger und lebte mehr in freien Lebensgemeinschaften. Der prozentuale Anteil der Singlehaushalte wuchs. Mit dem Wertewandel stieg das Selbstbewusstsein der Frauen, die Siebziger waren eine entscheidende Dekade der weiblichen Emanzipation in der Bundesrepublik. Vor diesem Hinter-

HABEN ODER SEIN, KONSUM ODER POSTMATERIELLE GESINNUNG WAR DAS ZENTRALE THEMA

grund kamen Tabuthemen ans Licht. Gewalt in Ehe und Familie führte zur Gründung von Frauenhäusern, von Notrufen und Selbsthilfegruppen.

In Großstädten entstanden Ende der siebziger Jahre die ersten Gleichstellungsstellen auf Länderebene. Die politisch-emanzipatorische Bewegung repräsentierte sich über beide Geschlechter hinweg in Symbolen – etwa „Emma“, „Friedenstaube“, „Jutetasche“ und anderes mehr.

Neben der politisch aktiven und engagierten Bewegung, die stets auf der Suche war nach alternativen gesellschaftlichen und sozialen Lebenskonzepten, bildete sich ein neuer Sozialisationstypus heraus, der sich als hedonistisch, politisch desinteressiert und vornehmlich konsumorientiert präsentierte. Er förderte den Import von Unterhaltungsprodukten jeder Art, deren Anziehungskraft in der Brutalisierung und Sexualisierung ihrer Inhalte bestand.

Beiden Strömungen ist ein kontinuierlicher Wertewandel gemeinsam, der traditionelle Normen wie „Pflichtbewusstsein, Disziplin oder Leistung“ dem Streben nach Selbstentfaltung und persönlicher Freiheit unterordnet. In der Erziehung löst die Förderung der Selbstentfaltung autoritäre und repressive Stile ab. Haben oder Sein, Konsum oder postmaterielle Gesinnung war das zentrale Thema jener beiden Dekaden, welches die Frage nach dem Sinn in einem neuen Licht erscheinen ließ: Die Erkenntnis vom Sinn des Lebens wurde abgelöst durch die Suche nach dem Sinn im Leben (Viktor Frankl).

WIE ALLES BEGANN: DER 3. APRIL 1974

Es ist der 3. April 1974, Karin, eine der fünfundfünfzig frisch ausgebildeten Ehrenamtlichen, sitzt am Schreibtisch einer Wohnung in der Stadtmitte. Vor ihr steht eine dampfende Tasse Kaffee, sie wartet auf den ersten Anruf. Draußen hört sie die Sirene eines Feuerwehrautos. Sie erinnert sich, wie sie im Winterhalbjahr mit den anderen Mitarbeiterinnen und Mitarbeitern für je zweieinhalb Stunden in der Woche in Kleingruppen in den Räumen der Telefon-Seelsorge ausgebildet wurde. Auch drei Wochenenden waren dabei. Dass man sich in so kurzer Zeit so intensiv kennen lernen, dass man so viel von sich preisgeben würde, hätte sie sich nie vorstellen können. Schwerpunkte in der Ausbildung waren Selbsterfahrung und klientenzentrierte Gesprächsführung gewesen. Die Mitarbeitenden, zwei Drittel Frauen, ein Drittel Männer, setzen sich aus Sozialarbeiterinnen und Sozialarbeitern, Pädagoginnen und Pädagogen, Lehrerinnen und Lehrern, Theologinnen und Theologen, Angestellten und Hausfrauen zusammen. Das Telefon klingelt, Karin wird aus ihren Erinnerungen gerissen. Sie nimmt ab: „TelefonSeelsorge in Hagen, guten Tag?". Am anderen Ende Schweigen. Trotz vorsichtiger Nachfrage scheint es dem Gegenüber nicht möglich, Worte zu finden. Das passiert mehrmals an diesem ersten Tag. Nicht jeder findet gleich Worte, manche brauchen einfach mehrere Anläufe. Doch dann ergibt sich das erste Gespräch: „Ich möchte einmal jemand haben, der mir zuhört und mich ernst nimmt.... Unsere Ehe ist völlig kaputt.... Aber eine Scheidung möchte ich nicht.... Mein Mann hat seit vielen Jahren Freundinnen – mit mir redet er kaum noch ein Wort.... Ich kann nur noch putzen, kochen, waschen, für die Seele meines Mannes sind andere Frauen da.... Ich kann nichts daran ändern.... Ich traue mich nicht, was zu sagen, er wird gleich ausfallend....".

Am Ende des ersten Monats werden es 167 Gespräche sein, die in der TelefonSeelsorge in Hagen geführt worden sind über Einsamkeit, Krankheit, Enttäuschungen und das, was alles nicht gelebt werden kann und darf. Im Mai waren es dann bereits 322.

IFOTES

TELEFONSEELSORGE INTERNATIONAL

Hagen ist nicht nur das Tor zum Sauerland, die Telefon-Seelsorge in Hagen war von Anfang an auch das Tor zur internationalen Zusammenarbeit von Krisentelefonen. Bereits im April 1975 besuchte uns der Initiator und Gründer der Samaritans/UK, Chat Varah. Seit 2010 sind wir Präsidentschaftssitz des Internationalen Verbandes für Telefonische Krisenhilfe (IFOTES) und seit 2012 Sitz des europäischen Fördervereins IFOTES-Europe.

IFOTES (International Federation of Telephone Emergency Services) wurde 1967 gegründet, hat seinen Sitz in der Schweiz und ist ein Zusammenschluss von derzeit dreißig nationalen Krisentelefon-Verbänden. Telefonseelsorge heißt es in Deutschland und Österreich, in Spanien heißt es: Teléfono de la Esperanza (Telefon der Hoffnung), in Italien: Telefono Amico Italia (Telefon der Freundschaft), in der Schweiz: La Main Tendue (Die Dargebotene Hand), in Belgien: Télé-Accueil/Tele Onthaaldiensten (Telefonhilfe); in Frankreich: SOS Amitié (SOS Freundschaft) und in den Niederlanden: SENSOOR (Ein Kunstwort aus Sinn und Ohr), um einige zu nennen. Allen Verbänden ist der 24-Stunden-Dienst Verpflichtung, ebenso wie die Wahrung der Anonymität und die Schweigepflicht, die ausreichende Qualifizierung der Ehrenamtlichen sowie die Vermeidung von politischer, moralischer oder weltanschaulicher Beeinflussung in der Gesprächsführung.

Bereichernd sind die konzeptionelle Vielfalt und die nationalen Eigenheiten, die sich in den einzelnen Organisationen entdecken lassen: So war beispielsweise Spanien immer schon die Brücke zu Südamerika für den Aufbau des Krisentelefons. In Murcia unterhält das Telefon der Hoffnung ein eigenes Ausbildungszentrum für Organisatorinnen und Organisatoren, Trainerinnen und Trainer aus dem lateinamerikanischen Raum. Und Telefono de la Esperanza ist sehr engagiert im Aufbau von Spanisch sprachigen Krisentelefonen für ihre Migranten in Europa. Skandinavische Stellen, allen voran Kirkens SOS in Norwegen, haben sich besonders in der Suizidprävention engagiert und zusammen mit den Samaritans aus England spezielle Trainings und Interventionsstrategien für die Begleitung am Telefon entwickelt. Belgien und die Schweiz, die als mehrsprachige Stellen über mehrere sprachenspezifische Notrufnummern verfügen, haben schon vor Jahren Strategien entwickelt, der Masse an Spaßanrufen oder missbräuchlichen Anrufen mit technischen Mitteln zu begegnen. So können sie durch die Einführung von Gebühren oder temporäre Sperrungen von Anrufenden die Leitungen effektiver für Ratsuchende freihalten. Die Stelle in den Niederlanden fällt häufig durch innovative konzeptionelle Neuerungen auf. Ein Beispiel ist die nationale Umbenennung von dem Namen „SOS Telefonische-hulpdienst“ zu „Sensoor“ und die damit verbundene Neuausrichtung der Corporate Identity. Und als ein letztes Beispiel sei erwähnt das beeindruckende Engagement der Stellen in Slowenien und Ungarn, die als erste auf nationaler Ebene ausschließlich die Europäische Einheitsnummer für den Emotional Support (116-123) nutzen.

IFOTES pflegt über ein Komitee den regelmäßigen Austausch zwischen den Verbänden und organisiert alle drei Jahre einen internationalen Kongress. Was bei keinem internationalen Austausch fehlen darf, ist ein Besuch der örtlichen Stelle, um den Lokalkolorit und den dortigen Stallgeruch kennen zu lernen. Danach gibt es häufig eine Einladung zum Dinner in ein Restaurant, das von den Organisatoren als Geheimtipp gehandelt wird. IFOTES pflegt und investiert die Arbeitsbeziehungen zu den Geschwisterverbänden Befrienders Worldwide/Samaritans und LifeLine International, zu der Weltgesundheitsorganisation (WHO), zum internationalen Verband für Suizidprävention (IASP) sowie zum Weltverband für mentale Gesundheit (WFMH). Dazu wurde unlängst eine weltweite Zusammenarbeit unter dem Namen WACH (World Association of Crisis Helplines) verabredet.

Seit Ende der neunziger Jahre stehen wir, personell vertreten durch Dr. Stefan Schumacher, in direkter Arbeitsbeziehung mit IFOTES. Über die Jahre wurden in unserer Stelle Gesprächsprotokolle zum Thema Gewalt gegen Frauen und Kinder qualitativ ausgewertet und ein entsprechendes Training für die Gesprächsführung entwickelt. Es wurden Konzepte zur emotionalen Begleitung und Krisenintervention zu Gewalt- und Missbrauchsprävention sowie zu Resilienz entworfen und in Trainingseinheiten umgewandelt. Wir dienen sowohl als Kooperationspartnerin und Datenlieferantin, profitieren darüber hinaus aber auch als Ort für Kick-Off-Veranstaltungen und als Entwicklungsstätte für die Qualifizierungsmaßnahmen. Aktuell koordiniert IFOTES-Europe ein von der EU finanziertes zweijähriges Projekt „Best-Practise in Qualifying Listening Skills to promote Emotional Health“, in dem sieben lokale Stellen aus sechs europäischen Ländern zusammenarbeiten, um exzellente und erprobte Trainings- und Qualifizierungsmethoden zu präsentieren und auszutauschen.

03

NICARAGUA-KAFFEE

Der Legende nach ist Kaffee nach der äthiopischen Provinz Kaffa benannt, wo einst ein Ziegenhirte festgestellt haben soll, dass seine Ziegen immer aufgekratzter wurden, wenn sie die Früchte eines bestimmten Strauches gefressen hatten. Inzwischen ist Kaffee zu einem der wichtigsten landwirtschaftlichen Produkte im globalen Welthandel geworden. Ein Großteil der Produktion wird von Kleinbauern in den Drittweltländern erzeugt, deren Wohlergehen gefährdet ist durch Ernteausfälle, Spekulationen und politische Preismanipulationen.

Forciert durch kirchliche Hilfswerke und Jugendverbände entsteht die Idee des Fair-Trade-Handels in Deutschland. Zu Beginn der achtziger Jahre kommen die ersten Produkte von fair gehandeltem Kaffee auf den Markt. Für viele Mitarbeiterinnen und Mitarbeiter war das anfänglich bittere Aroma gewöhnungsbedürftig und der Kaffeekonsum sank ein wenig. Nach und nach hat sich die Qualität verbessert, immer mehr Fair-Trade-Produkte haben sich durchgesetzt und sogar die Supermarktregale erobert. Eines ist spätestens seit den Achtzigern und dem Aufkommen der bildschirmgestützten und zunehmend bewegungsarmen Arbeitsplätze unbestreitbar: Sanft geröstet und gemahlen schenkt uns die Kaffeekirsche ein fein aromatisches Getränk, das ein Alkaloid in Form von Koffein enthält und mehr als alle Managerseminare dazu beiträgt, die Produktivität zu steigern.

03

DIE ACHTZIGER JAHRE – DER WANDEL VON ANALOG ZU DIGITAL

ZU BEGINN DER 80ER JAHRE WURDE DAS FARBFERNSEHEN INTERNATIONALER STANDARD FÜR ALLE ÜBERTRAGUNGEN. FARBFERNSEHGERÄTE WAREN BEREITS FÜR DIE ALLGEMEINHEIT ERSCHWINGLICH.

Unter dem Gesichtspunkt der Menschenkontrolle entpuppte sich das Fernsehen als ein zweischneidiges Medium. Zum einen manipulierte man damit Menschenmassen, zum anderen wählten die Menschen aber selbst das Programm. Menschen in der DDR lernten über das Fernsehen das Leben in Westdeutschland kennen, selbst wenn sie niemals dorthin reisten.

Andere typische Alltagsutensilien der 80er Dekade waren die Musik-Kassetten, also kleine, kompakte, analog aufgenommene Magnet-Tonbänder, die jedoch hin und wieder zu Bandsalat führten. Es gab auch Videokassetten. Zur selben Zeit wurden jedoch schon digitale Datenträger entwickelt, die aber erst in den 90er Jahren auf weite Akzeptanz stoßen sollten: die CD's und DV's und DVD's.

1986 wurde in Deutschland unter dem Namen C-Netz das erste analoge Handynetz in Betrieb genommen, das vor allem in PKWs eingebaut wurde. Da es allerdings nicht europaweit genutzt werden konnte, wurde es nach einigen Jahren von digitalen europatauglichen Netzen wie DECT (Digital Enhanced Cordless Telecommunications) und GSM (Global System for Mobile Communication) abgelöst.

In diesem Jahrzehnt revolutionierten auch die ersten Schnurlos-Telefone den Markt, die zwischen Hörer und Telefongerät kein Kabel mehr hatten und man so frei beweglich im Raum umhergehen konnte. Allerdings waren die Frequenzen durch das Postfernmeldegesetz stark limitiert und nicht zugelassene importierte Geräte durften unter Strafe weder betrieben noch in Besitz genommen werden.

Der Commodore-C64 war der beliebteste Spielcomputer der 80er Jahre. Seit 1982 auf dem Markt, eignete sich der Computer als Spielkonsole und zur Software-Entwicklung. Die Speicherkapazität dieses und anderer Heimcomputer war noch extrem gering. Dennoch begeisterten diese ersten Geräte eine ganze Generation von Jugendlichen, die über diese Rechner nicht nur Spiele, sondern auch wichtige Programmiersprachen wie BASIC, PASCAL, COBOL, Forth, COMAL oder C kennen lernten.

Auf globaler Ebene hatten die USA schon seit Beginn des Kalten Kriegs mit Rechnernetzen geforscht, um so militärisch relevante Kommunikationsmöglichkeiten zu erreichen. Aus diesen vom Verteidigungsministerium der USA subventionierten Forschungen ging zunächst das Rechnernetz ARPANET hervor, das in der Folge durch neue Netzwerkprotokolle erweitert wurde. Besonders das 1982 verwendete TCP/IP-Referenzmodell markiert den Beginn des Internets. Da zur selben Zeit an der Entwicklung digitaler Datenträger geforscht wurde und das Internet entstand, waren die 80er Jahre tatsächlich entscheidend für die sich etwa im Jahre 2002 vollziehende digitale Revolution. Obwohl das Internet also schon existierte, hatten die wenigsten Menschen Umgang damit. Die Massennutzung des Internets sollte erst in den 90er Jahren mit der Einführung der ersten Web-Browser beginnen. Aber in den 80er Jahren wurden genau dafür die Weichen gestellt.

Um so größer war die Überraschung, als wir im Jahresbericht 1980 der TelefonSeelsorge Hagen bereits folgende Problemanzeige entdeckten: „Die Verwaltung wird immer mächtiger, größer, anonymer. Immer mehr persönliche Daten werden den Computern „anvertraut", doch keiner weiß so recht, was wo von ihm gespeichert ist und wer damit wie umgeht." Einmal mehr zeigt sich TelefonSeelsorge hier als Seismograph einer gesellschaftlichen Entwicklung, die damals unter dem Stichwort Einsamkeit reflektiert wurde. Laut einer anonymen Studie hatte jeder fünfte Bundesbürger angegeben sich einsam zu fühlen: isoliert, verlassen, alleinstehend, abgekapselt, draußen, abgeschoben sein, das waren und sind Schlagworte, die vermehrt am Telefon fallen.

aut einer anonymen Studie hatte jeder fünfte undesbürger angegeben sich einsam zu fühlen:

SOLIERT, VERLASSEN, ALLEINSTEHEND, ABGEKAPSELT, DRAUSSEN, ABGESCHOBEN SEIN,

as waren und sind Schlagworte, die vermehrt am elefon fallen.

„MICH BRAUCHT KEINER!" MIT ZUNEHMENDER DAUER WIRKT JENE ERFAHRUNG ZERSTÖRERISCH

Betroffen sind Männer und Frauen, Mädchen und Jungen jeden Alters. Die Angst vor der Einsamkeit wird als ein brennendes Problem erkannt. Trotz Zunahme an Freizeitmöglichkeiten und Mobilität geht die Erfahrung von Nachbarschaftlichkeit und Leben in Gemeinschaft zurück und immer mehr Anrufende leiden an dem Gefühl des Sich-selbst-fremd-werdens. Haben scheint leichter als Sein. Zu-sich-nehmen gelingt leichter als Bei-sich-sein.

Ein zweites Stichwort der 80er Dekade wird als Zukunftsangst beschrieben, die in vielen Gesprächen spürbar wird. Frühere Generationen fanden bei aller gegenwärtigen Lebensbedrohung in Gedanken an die Zukunft etwas Tröstliches. In Zukunft würde es einmal besser gehen, war die Überzeugung, die Mut machte. In den 80ern wird Zukunft in vielen Bereichen als etwas Bedrohliches wahrgenommen: Umweltzerstörung, Arbeitslosigkeit, Atomare Bedrohung lassen die Zukunft schwärzer aussehen als die Gegenwart, was in Redewendungen wie „Nach uns die Sintflut" artikuliert wird. „No future" wird zu einem Schlagwort, das den Pessimismus der Zeit symbolisiert und vielfach tabuisiert ist: „Die Familie merkt gar nicht, wie deprimiert und hoffnungslos ich bin", bringt es ein Anrufer auf den Punkt.

Ein drittes Phänomen, das in der TelefonSeelsorge im Verlauf der 80er Jahre formuliert wird ist der Lebensalltag als ein „unverbindliches Dasein". Gemeint ist hier eine wachsende Gruppe von Anruferinnen und Anrufern, die in den kommenden Jahren eine stetige Zunahme erfahren soll und häufig unter psychischen Störungen oder Krankheiten leidet: einsame Menschen ohne familiäre oder freundschaftliche Bindungen, die in einfachsten Verhältnissen wohnen, selten oder nie gearbeitet haben, ohne Tagsstruktur leben, keinen Verpflichtungen nachgehen und bei denen jeder Tag wie der andere abläuft ohne Höhepunkte oder Abwechslung, ohne Spannung und Entspannung, ohne Vorfreude und Nachfreude. Jene Gruppe scheint sich in einem Teufelskreis zu befinden, der mit dem Eindruck beginnt zu nichts Nutze zu sein – „Mich braucht keiner!" Mit zunehmender Dauer wirkt jene Erfahrung zerstörerisch und artikuliert sich in Aussagen wie: „Mich will keiner, ich bin überflüssig und nichts wert."

Am Ende bleibt der Kreislauf einer permanenten Selbstentwertung: „Keiner traut mir etwas zu und ich traue mir auch nichts mehr zu". So ein Dasein schafft Verbitterung und wer es selbst kaum noch erträgt, wird auch kaum ertragen. TelefonSeelsorge ist häufig die einzige stimmliche Begegnung, die jene Menschen mit anderen haben.

Einsamkeit, Zukunftsangst und ein Dasein ohne Struktur und Verbindungen werden über Anrufe bei der TelefonSeelsorge bei mehr und mehr Menschen in der 80er Dekade wahrgenommen. Jene wachsende Gruppierung wird mit dem Wandel des analogen ins digitale Zeitalter mit ihrer Thematik voll in die neue virtuelle Welt des Internets eintauchen.

ANONYM UND VERSCHWIEGEN

Bis Ende der Achtziger blieben die Ehrenamtlichen anonym; sie durften nur den engsten Familienangehörigen sagen, dass sie in der TelefonSeelsorge tätig sind. Im Zuge ihres wachsenden politischen Engagements und des Einflusses der Frauenbewegung gab es mehr und mehr Unmut über die Anonymitätsregelung. Die Mitarbeitenden wollten von ihrem Ehrenamt erzählen, sie wollten sich bei gesellschaftspolitischen Diskussionen mit ihren Erfahrungen aus der TelefonSeelsorge einbringen und sie wollten auch keine „Lügengeschichten“ mehr erzählen. Zitat eine Mitarbeiterin: „ Ich bin es leid, meiner Nachbarin zu erzählen, dass ich eine soziale Verpflichtung habe, wenn ich abends um zehn mit meinem Kopfkissen das Haus verlasse. Wir wohnen ländlich und man fragt sich schon, ob ich einen Liebhaber habe!“ Und so hat die Vollversammlung 1999 beschlossen, dass die Ehrenamtlichen selbst entscheiden, ob und wie sie sich outen.

Die weitaus meisten haben sich für einen offenen Umgang entschieden. Wir begrüßen das, denn das Nicht-gesehenwerden heißt auch, dass niemand der TelefonSeelsorge ein Gesicht geben kann. In der Ausbildung, den Weiterbildungen und Supervisionen lernt man eine Menge über sich, über Kommunikation, über psychische Erkrankungen und gesellschaftliche Umbruchsituationen. Die TelefonSeelsorge wird gerne als Seismograph angeführt. Jedes andere Ehrenamt erlaubt es, öffentlich darüber zu sprechen, weshalb sollte es in TelefonSeelsorge, natürlich unter Auflage der Schweigepflicht, anders sein?

Anrufende in einer Not- oder Krisensituation werden in der Regel nicht von ihren Gesprächen erzählen. Umso wichtiger ist es, dass die Mitarbeitenden von ihrer Aufgabe sprechen, so dass jemand sich traut, anzurufen oder zu schreiben – oder sich selber für diese Aufgabe zu interessieren. Die beste Werbung ist die Mund-zu-Mund-Propaganda. Und schließlich sind TelefonSeelsorgerinnen und TelefonSeelsorger auch stolz darauf, dass sie die oft sehr schwere Arbeit am Tag und in der Nacht tun und möchten davon erzählen.

DIE BESTE WERBUNG IST DIE MUND-ZU-MUND-PROPAGANDA

Das berührt nicht die Anonymität und Verschwiegenheit von Telefongesprächen und Seelsorge-Mails und Chats. Alle ehrenamtlich Mitarbeitenden unterliegen der Schweigepflicht. Ein Markenzeichen von TelefonSeelsorge ist es, dass Anrufende oder Schreibende anonym bleiben können. Sie werden nicht nach dem Namen gefragt, die Rufnummer erscheint in keinem Display, und durch die Gebührenfreiheit gibt es keine Spuren im Einzelverbindungsnachweis der Telefonrechnung. Dies wird als Schutz erlebt, der es einfacher macht, sich etwas von der Seele zu reden oder zu schreiben. Im Gespräch oder im Internet nennen auch die Mitarbeitenden ihren bürgerlichen Namen nicht. Diese beidseitige Anonymität verleiht dem Kontakt eine eigene Atmosphäre.

04

NESCAFÉ CAPPUCCINO

Vielleicht ist Ihnen noch die Aussage von Herrn Angelo: „Isch abe gar keine Auto“ im Ohr: Im Zeitalter der Single-Haushalte leistet Herr Angelo Nachbarschaftshilfe und fördert gleichzeitig eine Sehnsucht: Ein dunkelhaariger Mann steht in seiner Küche, als es an der Tür klingelt. Seine hübsche, blonde Nachbarin ist gekommen, um sich zu beschweren: „Herr...“ „...Angelo“, ergänzt er, sichtlich entzückt von dem Besuch. Sie fährt unbeirrt fort: „Ich glaube, ihr Auto steht auf meinem Parkplatz!“ Auf Italienisch bittet er sie, sich erst einmal zu setzen – und kühlt ihr Gemüt mit einem heißen Nescafé Cappuccino.

Auch wenn das Heißgetränk nur ein Instantkaffee ist, geht der Plan auf. Die Nachbarin bedankt sich, stößt ein genießerisches „Mmmmh!“ aus – und haucht schließlich: „Und wann fahren Sie Ihr Auto weg?“ Mit einem tiefen Blick in ihre Augen raunt er zurück: „Isch abe gar kein Auto, Signorina...“

In Kaffeeworten ausgedrückt könnte man schreiben: Alles ist möglich: Drücken, Auflösen, Portionieren! Und so hat auch in der TelefonSeelsorge der Kaffeebecher Einzug gehalten und in vielen Fällen die gepflegte Kaffeetasse mit Unterteller abgelöst: Schnelllösliches für die kurze Gesprächspause zwischendurch.

04

DIE NEUNZIGER JAHRE – MACHEN UND ERLEBEN

NEUORIENTIERUNG: MULTI-OPTIONALITÄT, EXPERIMENTIERFREUDE, LEBEN IN PARADOXIEN UND SELBSTMANAGEMENT IN EINER SPASS- UND ERLEBNISWELT!

In den Neunzigern hat sich unser Land so rasant verändert wie nie zuvor. Das Jahrzehnt stand im Zeichen der Wiedervereinigung, erstmals seit Bestehen der Bundesrepublik erreichte die Arbeitslosenzahl die Vier-Millionen-Grenze. Eine Frau, Maria Jepsen, wurde die erste Bischöfin. Neonazis in Springerstiefeln, Hoyerswerda, Rostock-Lichtenhagen, Solingen und Mölln wurden zu Synonymen für rechte Gewalt. Parallel begann das Internet seinen Siegeszug (die Zahl der Internetanschlüsse von 58.000 Anfang 1993 stieg auf knapp 1,3 Millionen bis Mitte 1998) und hielt Einzug in alle Lebensbereiche. Das Handy wurde massentauglich und das Mailen zu einem der beliebtesten Dienste. Die Telekom bekam Konkurrenz, das Telefonieren wurde durch die Flatrates immer günstiger. Globalisierung war das Schlagwort der Dekade. Die Informationsrevolution und die fallenden Grenzen prägten das Lebensgefühl. Immer mehr lebten freiwillig als Single. Durch das Internet hatte sich die Informationsflut mehr als verdoppelt. Unübersichtlichkeit, Wechselhaftigkeit und Veränderung bestimmten das Leben und schafften Unsicherheit auf allen Ebenen, in Beruf, in Beziehung, in der Freizeitgestaltung, in der Politik und im Sozialen. Die Bürger wurden aus ihrem traditionellen Rollen- und Sozialgefüge herausgelöst, alte Selbstverständlichkeiten galten nicht mehr. In Großstädten war inzwischen jede zweite Wohnung ein

Single-Haushalt als Folge des Zerfalls der traditionellen Familie und des Zwangs nach beruflicher Mobilität. Anders als vereinsamte alte Menschen wählten viele Junge diese Daseinsform freiwillig. Es ging um das Selbstmanagement in einer Spaß- und Erlebniswelt. Wer den Herausforderungen nicht gewachsen war, geriet schnell ins gesellschaftliche Abseits.

In den Gesprächen zeigte sich die Schattenseite jener Wertepolarität: Die Schwierigkeit, markt- und konsumorientierte Werte wie Individualität, Flexibilität und Schnelllebigkeit in Einklang zu bringen mit den Sehnsüchten nach Zugehörigkeit, Geborgenheit und Sicherheit. Viele der Anruferinnen und Anrufer und auch die Gruppe der jungen Männer, die sich via Internet an uns wandten, spiegelten diese Veränderungen, indem sie beklagten, sich nicht mehr in ihrem Lebensalltag zurechtzufinden. Sie spürten, dass ihnen ihre Lebensplanung aus den Händen glitt, und so suchten sie nach Orientierung und sehnten sich nach klaren Antworten, Ratschlägen oder Handlungsanweisungen. Auffällig war auch der wachsende Anteil an Beziehungsproblemen: Ehe- und Partnerschaftsfragen, gefolgt von Gesprächen über die Situation des sozialen und familiären Zusammenlebens.

Erschreckend auch die Zunahme von Alkohol- und Drogenabhängigkeit. Fast immer ging es dabei auch um Fragen des Scheiterns, der Isolation, der Orientierungslosigkeit oder Verunsicherung des Selbstwertes, von denen auch immer mehr Jugendliche betroffen waren. Bereits seit einigen Jahren hatten wir eine stetige Zunahme von Anrufen psychisch labiler oder erkrankter Anruferinnen und Anrufer beobachtet, für die TelefonSeelsorge letzter Halt vor allem in akuten Krisen war. Eine institutionelle Veränderung ergab sich in dieser Zeit, bedingt durch den steigenden Anteil berufstätiger Ehrenamtlicher. Es entstand eine Nachtkooperation mit den Stellen in Dortmund und Bochum.

Seit Einführung der GSM-Telefonie (Global System for Mobile Communication) im Jahr 1992 hatte sich die Zahl der Handynutzerinnen und -nutzer von einer Viertel Million ausgehend in jedem Jahr fast verdoppelt. Und wie das mit exponentiellen Entwicklungen so ist: Sie sind lange unbemerkt und wachsen dann plötzlich immens. Mit der Massentauglichkeit der Handys nahmen Scherz-, Test-, und Verarschanrufen zu, ebenso stieg die Zahl der Sexanrufer dramatisch. Das brachte viele TS-Stellen und ihre Mitarbeiterinnen und Mitarbeiter an den Rand des Leistbaren. Die Deutsche Telekom AG bot eine Schutzmöglichkeit gegen die pausenlosen Scherzanrufe an: das Sperren einzelner Anschlüsse für vierundzwanzig Stunden.

Ein weiteres Ärgernis waren die nun manchmal auftretenden technischen Störungen, wie Rauschen oder plötzlich auftretende Funklöcher und leere Akkus, die eine ungestörte Gesprächsatmosphäre einschränken. Fragen wie: Kann ich auch beraten, wenn mich jemand mit einem schweren Thema aus dem Auto anruft?, erhielten Bedeutung in der Supervision.

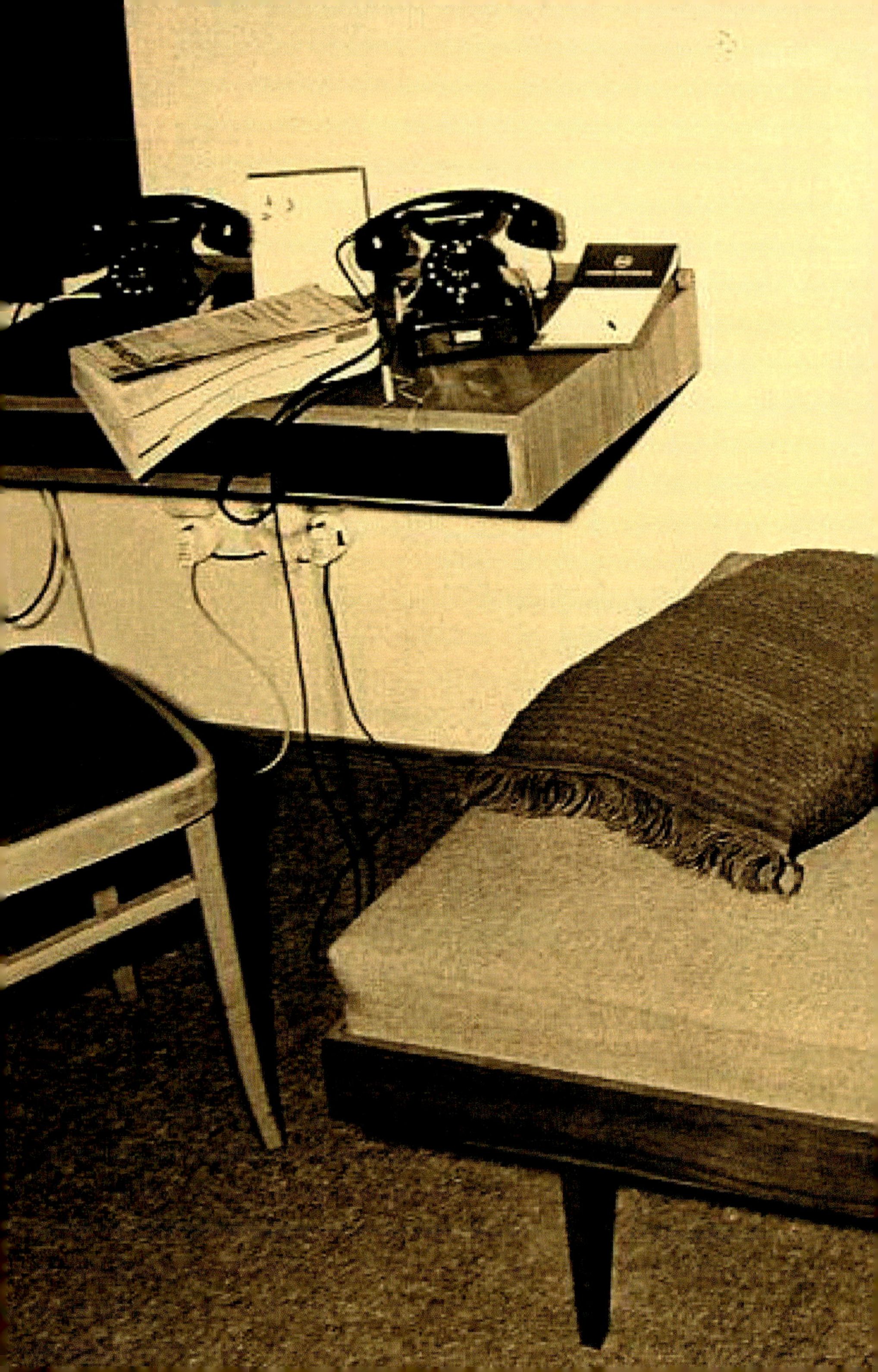

Bereits seit einigen Jahren hatten wir eine stetige Zunahme von Anrufen psychisch labiler oder erkrankter Anruferinnen und Anrufer beobachtet, für die TelefonSeelsorge

LETZTER HALT VOR ALLEM IN AKUTEN KRISEN WAR.

TELEFONSEELSORGE ALS SUIZIDPRÄVENTIVE EINRICHTUNG

Die Gründungsidee der TelefonSeelsorge ist die Suizidprävention. In Deutschland sterben mehr Menschen durch Suizid als im Straßenverkehr und bei Haushaltsunfällen. Selbsttötung ist ein heikles Thema, ein gesellschaftliches Tabu, über das nicht gesprochen wird. Angehörige schämen sich, vom Suizid eines Verwandten zu sprechen. Daher braucht es Menschen wie die Mitarbeitenden der TelefonSeelsorge, die sich darauf einlassen, dass über Suizidphantasien und -gedanken gesprochen werden kann.

Die Gründe für einen Suizid sind vielfältig. Die einen wollen nicht länger zur Last fallen oder können ihrem Leben keine Freude mehr abgewinnen; andere haben den geliebten Menschen durch Trennung oder Tod verloren und finden für sich keinen Lebenssinn mehr. Andere glauben, dass sie eine nicht wiedergutzumachende Schuld auf sich geladen haben und wollen sich selbst bestrafen. Wer mit dem Wissen leben muss, eine unheilbare Krankheit zu haben, mag sich die Frage stellen, ob das Weiterleben noch Sinn macht.

DIE SEHNSUCHT NACH DEM TOD IST DIE SEHNSUCHT NACH DEM LEBEN

Frauen und Männer, Mädchen und Jungen nehmen sich das Leben, weil sie einsam sind, sich überflüssig fühlen, keine Perspektive sehen für ein Weiterleben. Manchmal sind es berufliche oder finanzielle Schwierigkeiten, die die eigene Existenz in Frage stellen. Oder jemand lebt mit dem tief verwurzelten Gefühl, eigentlich gar nicht leben zu dürfen.

Suizid oder Suizidgedanken sind keine Krankheit, sie sind der Ausdruck einer äußeren oder inneren Not, einer Ambivalenz zwischen Leben und Tod. Jemand sieht sich nicht in der Lage, so wie bisher weiterzuleben und sieht als einzige Möglichkeit den Tod: als Erlösung, als Auflösung seines Leidens.

Die Sehnsucht nach dem Tod ist die Sehnsucht nach dem Leben. Niemand würde sich töten, wenn es ihm innerlich und äußerlich gut ginge und er die inneren und äußeren Bedingungen seines Lebens als angemessen empfinden könnte. Und so geht es darum, den zugrunde liegenden Lebenskonflikt zu verstehen, der jemanden dazu bringt, sein Leben für aussichtslos zu halten. Wie das gelingen kann, hat Stefan Plöger von der TelefonSeelsorge Ulm auf der 39. Herbsttagung der Deutschen Gesellschaft für Suizidprävention DGS (7.-9.10.11) in Stuttgart beschrieben: „TelefonSeelsorge zielt ab auf eine beratende Krisenintervention. Sie kann keine kontrollierende Macht ausüben. Stattdessen stellt sie Beziehung, Begegnung, Begleitung in den Mittelpunkt. Gespräche mit Menschen, die eine Suizidhandlung planen, führen ans Limit. Es geht um die Bereitschaft, eine existenziell erschütternde Lebenssituation auszuhalten. Es geht aber auch um die eigene Angst, an diesem Menschen, der mir im Anruf begegnet, schuldig zu werden. Mitarbeitende äußern in Bezug auf den Umgang mit suizidgefährdeten Anrufenden häufig, sie könnten durch eine ‚falsche' Gesprächsführung quasi über Tod und Leben des Anrufenden entscheiden. Das stimmt so nicht. Trotzdem macht es Druck und löst Unsicherheit aus.

Die Begleitung eines suizidalen Menschen auf Augenhöhe respektiert seine Ambivalenz zwischen Leben und Tod. Das bedarf einer Position, die einerseits die Wertschätzung für den Suizidalen und sein Engagement für sein Überleben und andererseits den Respekt auch vor einer Entscheidung für den Tod beinhaltet. Die Gratwanderung besteht darin, nicht einseitig die Seite des Lebens zu besetzen, so dass dem Suizidalen nur noch die Chance bleibt, die Legitimität seines Todeswunsches zu bekräftigen. Gleichzeitig gilt es zu vermeiden, die Selbsttötung als den besten Weg zu konzipieren und damit die Tötungsdynamik zu unterstützen."

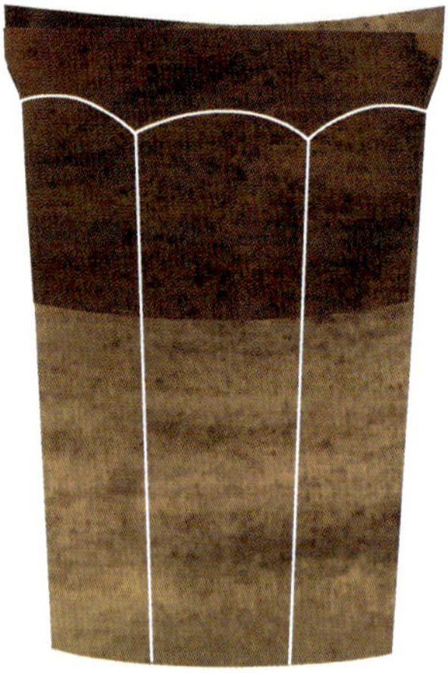

05

LATTE MACCHIATO

Latte Macchiato ist das Heißgetränk des Jahrzehnts. Niemand hat uns das so vollendet gezeigt wie George Clooney in seinem Werbespot: „Nespresso. What Else?“ Der Kaffee in den bunten Aluminium-Kapseln ist wie die Smartphones, Pads und Laptops zum Lifestyle-Produkt geworden. Geprägt durch die siebziger Jahre haben die Nespressokapseln keinen Einzug in unsere TelefonSeelsorge gehalten. Auch das Milchschäumen findet so recht keinen Anklang, da niemand den Milchaufschäumer des Kaffeevollautomaten sauber machen will.

Coffee-to-go hat sich als Megatrend etabliert. Spätestens in dieser Dekade ist klar geworden, dass alle Arten des Kaffeetrinkens nebeneinander stehen können. Optionalität ist das Wort der Zweitausender. (Kaffeevollautomat inklusive Milchschäumen)

05

DIE ZWEITAUSENDER JAHRE – DIGITAL, GLOBAL, KATASTROPHAL

„WIR SIND PAPST" UND „ANGIE" WERDEN ZU GEFLÜGELTEN WORTEN, DIE WELTWEIT FÜR AUFSEHEN SORGEN.

Computerspiele boomen, das Highspeed-Internet macht das Herunterladen großer Datenmengen komfortabel. Europa wird durch „Fliegen zum Taxi-Preis" zum Dorf, ein tolles Lebensgefühl. Casting-Shows begeistern und mit seinem Satz „Ich bin schwul - und das ist auch gut so!" läutet Berlins Bügermeister Klaus Wowereit ein schwules und lesbisches Jahrzehnt ein. Schicke Handys und Smartphones werden zum (Erwachsenen-)Spielzeug. Das Phänomen „Generation Praktikum", fünf Millionen ohne Arbeit und das Arbeitslosengeld II („Hartz IV") führt die ungerechte Situation am Arbeitsmarkt vor Augen. In Deutschland leben eine Menge Menschen, die vom Reichtum abgehängt sind.

Das „Sommermärchen", die Fußballweltmeisterschaft 2006 ist der emotionale Höhepunkt der Dekade. Mit dem Online-Lexikon Wikipedia entsteht eine neue Art der Wissensfindung. Millionen tummeln sich in den sozialen Netzwerken, und die Internet-Plattform YouTube ist für Jugendliche das Fernsehen des 21. Jahrhunderts.

Der 11. September 2001 verändert die Welt. Zwei entführte Passagierflugzeuge fliegen in das World Trade Center, rund dreitausend Menschen sterben. Die USA rufen einen weltweiten Krieg gegen den Terrorismus aus. Bei der Tsunami-Katastrophe sterben am zweiten Weihnachtstag 2004 mehr als zweihunderttausend Menschen. Das Wasser der Elbe steigt, eine Jahrhundertflut verursacht Leid und Not. In Erfurt läuft der neunzehnjährige Robert Steinhäuser Amok und tötet sechzehn Menschen und schließlich sich selbst. Die weltweite Finanzkrise erreicht Deutschland. „Yes, we can!“ Barack Obama, der erste Afroamerikaner, wird 2008 der 44. Präsident der Vereinigten Staaten.

Erstmals gibt es mehr Handys als Festnetzanschlüsse. Der Begriff Web 2.0 beschreibt die veränderte Nutzung und Wahrnehmung des Internets. Jede Nutzerin und jeder Nutzer kann sich weltweit vernetzen: „Broadcast yourself“ wird zum Schlagwort der Dekade. Neue Webdienste für Videos, soziale Netzwerke, Blogs und so weiter verändern den Alltag. Das Internet wird zur Beziehungssuche und als Spielraum für sinnliche und sexuelle Fantasien genutzt.

Die TelefonSeelsorge im Internet feiert 2005 ihr Zehnjähriges als die Pionierin der Online-Beratung im deutschsprachigen Raum.

Das Team der TelefonSeelsorge Hagen-Mark erlebt sich auch als Seismograph und nimmt, gefördert über die Anonymität der Anrufenden und Schreibenden und die Niederschwelligkeit des mediengestützen Angebots, gesellschaftliche Entwicklungen „früher“ war. So beobachteten die Mitarbeitenden seit einigen Jahren eine stete Zunahme von psychischen Erkrankungen in allen Altersgruppen, auch bei Kindern und Jugendlichen. Ferner nahm die Zahl der Jugendlichen mit Angststörungen zu. Und in der Internetseelsorge waren die Mitarbeitenden

▶

mit Mädchen die an Essstörungen litten und sich selbstverletzten, konfrontiert:

> Ich bin annika und 15 Jahre ald ich wohne in iserlohn und habe probleme mit
> denm ritzen!ich tue das ungefair jeden 2. Tag manchmal ganz oft und es gibt
> auch monate damach ich das fast gar nicht!aber im Moment ist es schlimmmer
> geworden!ich möchte gern kontakt mit jemanden per E-mail haben!wenn das
> möglich wäre würde ich miv´ch wirklich sehr darüber freuen!Meine eltern
> wissen nichtsdavon ich möchte das auch nicht, denn ich möchte versuchen
> Diese sucht ohne sie mit hilfe zu überwinden!wenn mir jemand bitte so
> schnell wie möglich zurückschreiben könnte würde ich mich total drüber
> freuen!

Die ehrenamtlichen Mitarbeiterinnen und Mitarbeiter erleben hautnah, was es bedeutet, dass nur ein überaus geringer Teil der Gelder im Gesundheitsbereich für die Behandlung psychisch Erkrankter bereitsteht. Der gesellschaftliche Versorgungsnotstand ist groß.

Ab Ende 2004 vermerkten die ehrenamtlichen Mitarbeitenden einen rasanten Anstieg zum Thema Hartz IV, drohende Arbeitslosigkeit und drohende Armut. Die Zusammenführung von Arbeitslosenhilfe und Sozialhilfe zum Arbeitslosengeld II auf einem Niveau unterhalb der bisherigen Arbeitslosenhilfe, die Reduzierung der Laufzeit, die komplette Einbringung des „Vermögens“ und die Verwaltung der Sozialleistungen bei erwerbsfähigen Arbeitslosen direkt bei der Agentur für Arbeit machten vielen Menschen Angst.

So äußert eine junge Frau, dass sie Angst davor hat Hartz IV zu beziehen, da sie dann ihre Wohnung verlieren wird, die etwas größer als vom Sozialamt erlaubt ist und sie sich wieder ein neues Umfeld suchen muss, wo sie sich doch gerade erst in dieses eingelebt hat.

TELEFON-SEELSORGE IM INTERNET

> Hallo, ich heifle Michael. Ich bin 16 Jahre alt und gehe
> in die 10. Klasse der Realschule. Ich habe ein Problem
> und kann eigentlich mit niemandem dar¸ber reden.
> Deshalb habe ich mir gedacht ich schreibe einfach,
> mal an Sie. Ich weifl allerdings nicht ob ich an einem
> l‰ngeren Briefwechsel interessiert bin, ich mˆchte nur
> einmal Ihre Meinung hˆren. Mein Problem ist eigentlich
> relativ simpel: Ich bin einsam...

... Ein Hilferuf per E-Mail aus dem Jahre 1999. Nur ein Text, Buchstaben, schwarz auf weiß, kein Gesicht, keine Stimme verrät, wer sich hinter dem elektronischen Brief verbirgt.

Im Herbst 1995 hatten wir zusammen mit den Telefon-Seelsorgestellen Krefeld und Köln unsere Präsenz im Internet gestartet. Wir wollten ein Angebot an dem Ort anbieten, wo sich damals die jungen Leute, besonders junge Männer aufhielten. Die TelefonSeelsorge im Internet sollte eine Art moderner Briefseelsorge werden. Zunächst gab es empörte Stimmen gegen diese medial vermittelte Form der Seelsorge. Das Internet stand dem Verständnis der seelsorgerlichen Vertrauensbeziehung entgegen. Ohne die Wahrnehmung von Stimme und Tonalität könne überhaupt nicht seelsorglich beraten werden, war der häufigste Einwand. Zudem gab es große Unkenntnis und die damit verbundene Unsicherheit im Hinblick auf das Internet. Es waren die Ratsuchenden, die fit in diesem Medium waren. Von den Mitarbeitenden hatten wenige einen eigenen Computer, und so druckten wir eingehende E-Mails im Büro aus und schickten sie dann als Fax oder Brief an die Seelsorgerin. Die verfasste eine handschriftliche Antwort, die sie wiederum per Fax oder Brief zurück schickte. Im Büro wurde ihre Antwort in den PC eingegeben und per Mail zurück gesandt.

Im ersten Jahr der TelefonSeelsorge im Internet (1995) gingen 361 Mailanfragen ein. In den ersten Monaten gab es neben der Mailseelsorge, die ganz normal über ein E-Mailprogramm auf dem Rechner im Büro stattfand, die Möglichkeit, über Internet Relay Chat, kurz IRC, zu chatten. Dieses rein textbasierte Chat-System ermöglichte Gesprächsrunden mit einer beliebigen Anzahl von Teilnehmenden. Nachdem sich die User im Chatraum der TelefonSeelsorge Tipps gaben, wie man sich am besten selber töten kann, mussten wir diesen nach kurzer Zeit wieder schließen. Es gab keine personellen Ressourcen, einen Chatraum rund um die Uhr zu besetzten.

IM ERSTEN JAHR DER TELEFON-SEELSORGE IM INTERNET GINGEN 361 MAILAN-FRAGEN EIN

Was damals begann, hatte noch keinen theoretischen Hintergrund; niemand von uns wusste, wie Email-Seelsorge funktioniert und welchen Gesetzmäßigkeiten sie unterliegt. Heute, knapp 20 Jahre später, bieten zwei Drittel der TelefonSeelsorgestellen qualifizierte Mail- und Chatseelsorge an. Bei uns ist die Begleitung per Mail und Chat Bestandteil der Ausbildung. Aktuell begleiten von den knapp achtzig Mitarbeitenden fünfzig Ehrenamtliche die Ratsuchenden auch per Mail und Chat.

06

VOLLAUTOMAT

Seit einigen Jahren sind sie der Renner an Autobahnraststätten, in Firmenbüros und Seminarzentren. Kürzlich haben wir auch einen bei Kollegen in der TelefonSeelsorge entdeckt: den Heißgetränkeautomaten; kompakt, ein-Knopf-Bedienung, fester Trinkwasseranschluss, Wartungsservice inklusive und das Ganze geleast! Hier wird die Kaffeespezialität geschäumt, der „Schümli" mit oder ohne Milch kann gedrückt werden und wer den Kaffee auf hat, kann auch Tee rauslassen. Auf Wunsch kann das Gerät auch sprechen. Erste Prototypen können sich auch automatisch mit dem Internet verbinden. So kann die Zubereitung des Kaffees punktgenau per SMS angeordnet werden. Die statistische Auswertung des jährlichen Kaffeeverbrauchs und des Konsumverhaltens übernimmt Google kostenfrei. Allerdings wird eine Firewall empfohlen, um einem Hackerangriff durch die Einspeisung von Hühnerbrühe vorzubeugen.

Kurz vor Druck erreicht uns noch eine Nachricht: In Los Angeles gibt es sie: Automaten, die Marihuana abgeben. Nach Identifikation mit einer speziellen Karte bekommt man an `medical marijuana anytime vending machines´ 3,5 oder 7g Gras in einer versiegelten Plastiktüte.

06

DIE ERSTEN JAHRE DER 2010 DEKADE – HEUTE

2010 SIND BEI DER LOVEPARADE IN DUISBURG 21 MENSCHEN UMS LEBEN GEKOMMEN UND WEITERE 541 WURDEN VERLETZT.

„Wutbürger" wurde das Wort des Jahres, ausgelöst von „Stuttgart 21", wo aus einer Großbaustelle eine Großdemonstration geworden war. In Fukushima fielen Tausende einem Tsunami zum Opfer, es kam zu schweren Unfällen im Atomkraftwerk. Dadurch wurden aktive Strahlungen freigesetzt, und das brachte eine neue Atomausstiegsdiskussion in Gang.

Leben und Medien beeinflussen sich gegenseitig. Längst ist die TelefonSeelsorge eine Medienseelsorge. Was lag also näher, sie auch im „Mitmach-Internet" (Social-Web) zu platzieren? Die sozialen Netzwerke bieten gute Möglichkeiten für eine öffentlichkeitswirksame Kommunikation. Die Botschaften verbreiten sich schnell und erreichen viele, virales Marketing nennen das die Fachleute – die Mundpropaganda des 21. Jahrhunderts. So hatten wir im Juni 2010 entschieden, uns bei Facebook anzumelden: Wir wollen da sichtbar sein, wo sich die Vielen aufhalten. Dass es eine gute Entscheidung war, hat sich bei dem Loveparade-Unglück gezeigt. Nur wenige Minuten nach Bekanntwerden des Unglücks erreichten uns Anrufe von besorgten Eltern, deren Kinder auf der Loveparade waren. Ein junger Mann meldete sich, er hatte mit ansehen müssen, wie Menschen zerquetscht und totgetreten wurden, und er hatte nichts tun können, ein Polizist schrieb uns, ihm tauchten immer wieder die schrecklichen Bilder vor Augen auf. Alle hatten über Facebook erfahren, dass wir da sind! Ein Besucher der Loveparade postete in unsere Chronik:

> Hätte ich einen Hut auf, würde ich ihn vor Euch allen ziehen!!!

> Denn die Arbeit die sowohl Ihr als auch die Rettungskräfte geleistet haben und

> noch immer leisten ist, glaube ich, kaum in Worte zu fassen. . . . Absoluten Respekt ! !

> VIELENGANZHERZLICHEN D A N K dass I H R da seid ! ! ! Gott segne Euch!

In den ersten Jahren der Dekade nahmen wir wahr, dass die Nachfrage nach Beratung und Seelsorge im Internet weiter zugenommen hat. Viele, auch kirchlich Distanzierte, erwarten, dass Kirche einfach da ist, wenn sie gebraucht wird. Sie wünschen sich eine Nähe, die ihnen Türen offen hält, auch wenn sie heute oder morgen keinen Gebrauch davon machen – eine seelsorgliche Kirche, die in Rufweite bleibt. Sie suchen Kontakt, wenn sie erschüttert und überfordert sind, wenn sie einen Bruch in ihrem Leben erleiden, wenn sie dem Scheitern näher sind als dem Hoffen, wenn sie Halt brauchen, wenn sie in ihrer Identität verunsichert und im Unklaren darüber sind, wie sie ihr Leben gestalten wollen, wenn sie in ethischen Konflikten stehen. Sie suchen in der Seelsorge nach Beistand, nach Schutz und Zuspruch, nach Orientierung und Sinn. Seelsorge als Netz, das ihnen das Gefühl gibt: So leicht gehe ich nicht verloren! Und das leistet die TelefonSeelsorge im Internet: „Wir sind für Sie da – jeder Zeit!“ Über das Internet können sie schnell, anonym und unverbindlich Kontakt herstellen.

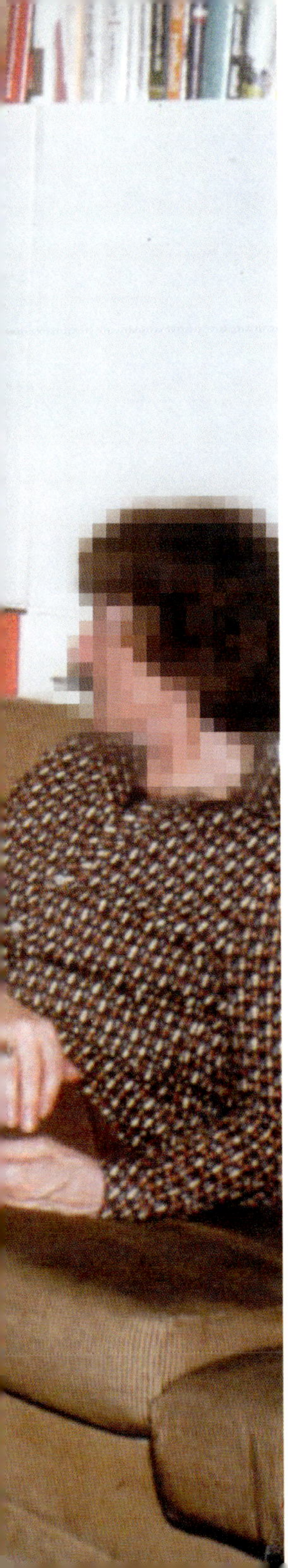

Die virtuellen Welten sind nicht losgelöst von der sinnlichen Realität, denn die Kontakte werden ebenso real erlebt wie ein Telefongespräch oder ein Treffen von Angesicht zu Angesicht. In den Chats und Mails ist häufig zu lesen, dass jemand so viel Angst vor jeder Form von Öffentlichkeit hat, dass er nicht einmal anrufen würden. Wie die Neunzehnjährige, die viele Jahre sexuelle Gewalt in der Familie erlebt hat und nicht darüber sprechen kann, aber sehr wohl in der Lage ist, darüber zu schreiben.

In den ersten Jahren der Dekade nutzen immer mehr psychisch Kranke die Begleitung der TelefonSeelsorge am Telefon und per Internet. Wir spüren die Folgen der Gesundheitsreform: Es gibt viel zu wenig Therapie-plätze!

Eine Erfahrung dieser Jahre ist auch die Konfrontation mit pädophilien Männern, die sich per Internet an uns wandten. Nach anfänglich großer Abwehr versuchten wir, durch Schulungen unseren Handlungsspielraum so zu erweitern, dass wir auch hier in Kontakt kommen können. Denn da geht es vor allem um Prävention, denn mit jeder Anfrage, die wir beantworten, erhöhen wir die Chance, dass sich die Männer Hilfe holen und wir so die Kinder schützen.

Themen wir Cyberbulling, Mobbing und Stalking haben ebenfalls zugenommen. Besonders bewegt hat uns die Begleitung einer Studentin, die seit über zwei Jahren von ihrem Exfreund verfolgt wird. Seit sie die Beziehung beendet hat, bedrängt er sie, ruft sie zu unmöglichen Zeiten an, hinterlässt Gedichte und Beschimpfungen auf ihrer Mailbox, bombardiert sie mit SMS und lauert vor ihrer Wohnung, so dass sie auch zuhause keinen Schutzraum hat. In den Gesprächen erzählte sie das erste Mal von der Verfolgung und ihrer Angst. In den vielen Monaten des Stalkings hat sie mit niemanden darüber gesprochen!

Sie schämte sich so sehr, dass ihr das passiert ist und dass sie sich so geirrt hat. Und sie beruhigte sich immer wieder: „Es ist doch nicht schlimm, er tut mir doch nichts". Nachdem sie das alles ausgesprochen hatte, weinte sie fast eine halbe Stunde, und die Angst sprudelte aus ihr heraus.

Angesichts der technischen Veränderungen in der medial gestützten Kommunikation stieß die Telefonkonstruktion 2013 endgültig an ihre Grenzen. Anrufsignale wurden umständlich lange weitergeleitet, blieben zum Teil ohne Antwort oder erreichten die Seelsorgerinnen und Seelsorger überhaupt nicht. Mit der Installierung des ACD-Routing (Automatic Call Distributor) soll die Nachfrage nach Seelsorge zügig und verlässlich werden. Die ersten Erfahrungen haben gezeigt, dass es gelingt. Die Zahl der Anrufe in Hagen ist um mehr als das Doppelte gestiegen. Das bedeutet eine neue Herausforderung für die Ehrenamtlichen. Vor Einführung der neuen Technik gab es immer mal wieder eine Pause zwischen den Gesprächen. Das ist jetzt nicht mehr so. Die Ehrenamtlichen müssen selbst entscheiden, wann sie eine Pause brauchen, um auch für das nächste Gespräch wieder aufmerksam da zu sein.

ÖRDERVEREIN DER KOMENISCHEN ELEFONSEEL-ORGE HAGEN E.V.

ENN GELD SOLL UTZEN BRINGEN

Den Förderverein der Telefonseelsorge Hagen e.V. gibt es seit Herbst 1997. Von Beginn an hatte er den „Zweck der Bereitstellung finanzieller Mittel (direkt oder indirekt) für die Arbeit der TelefonSeelsorge Hagen-Mark zur Unterstützung für Menschen in seelischer Not" (§1 der Satzung). In den mehr als fünfzehn Jahren hat er dazu beigetragen, dass die Qualität gehalten wird. So konnten Ehrenamtliche an den IFOTES-Kongressen teilnehmen, Studienreisen finanziert und längerfristige Fortbildungen angeboten werden. Die Öffentlichkeitsarbeit wurde mehr und mehr professionalisiert. Hierzu gehört ein guter Webauftritt im responsiven Webdesign, so dass diese Websites auf Eigenschaften des jeweils benutzten Endgeräts reagieren kann, also auch auf Smartphones und Tabletts gut lesbar ist. Ferner werden in regelmäßigen Abständen ansprechende Broschüren, Flyer und Bücher finanziert, die über unsere Arbeit erzählen.

Der Förderverein hat Referenten von Rang und Namen eingeladen, so etwa den Begründer der positiven Psychotherapie Prof. Dr. Nossrat Pescheskian oder den Analytiker und Schriftsteller Dr. Wolfgang Schmidtbauer; den Begründer und Nestor der deutschsprachigen Psychotherapie Älterer, Prof. Dr. Hartmut Radebold und Prof. Dr. Jörg Fengler, eine Koryphäe in der Burnout-Prophylaxe.

Die Arbeit der TelefonSeelsorge Hagen-Mark würde es in dieser Form nicht geben, wenn es den Förderverein nicht geben würde. Seit seinem Bestehen hat der Förderverein unsere Arbeit mit knapp einer viertel Million Euro unterstützt.

EINE TASSE KAFFEE BEDEUTET EINE AUSZEIT NACH EINEM TELEFONAT.

Bei geselligen Auszeiten wurde auch „anders“ getrunken.

Reden-ist-Gold.org

Reden-ist-Gold.org ist ein zusätzliches Angebot unserer TelefonSeelsorge. Es ist gedacht für Frauen und Männer, die beruflich stark gefordert sind. Sie sind vielleicht (noch) nicht in existenziellen Krisen und nehmen ihre Situation nicht einmal als eine solche wahr. Sie kämen gar nicht auf die Idee, sich mit ihren Ängsten, Unsicherheiten, Ambivalenzen oder Sorgen an die TelefonSeelsorge zu wenden – TelefonSeelsorge ist, so denken sie, etwas für Vereinsamte oder völlig Verzweifelte. Sie stehen mitten im Berufsleben, hängen ihre Probleme nicht an die große Glocke und bleiben mit ihren Alltagssorgen alleine. Aussagen wie: „So schlecht geht es mir ja nicht!" „Wieso soll ich denn zum Arzt, meine Probleme sind doch nicht so schlimm!" sind dabei typisch.

Dabei bringt der Berufsalltag hohe Anforderungen und Belastungen. Beruf, Familie und die eigenen Bedürfnisse unter einen Hut zu bringen, gelingt vielen nicht, davon zeugen die vielen Krankschreibungen. Hier ein Chatgespräch zu dieser Thematik – selbstverständlich verfremdet:

CHATTERIN — Ich würde gern über einn konflikt sprechen, der mich bewegt.

RIG — Ja!

CHATTERIN — und zwar habe ich über eine Arbeitskollegin, mit der ich auch befreundet bin, gehört, dass eine andere Kollegin schlecht über mich spricht und das im Betrieb verbreitet hat.

RIG — verstehe ich das richtig, dass sie das sehr belastet, weil sie vielleicht auch eine besondere Beziehung zu dieser Kollegin haben?

CHATTERIN — ja, das könnte man so sagen. die frau war früher mal mein Vorgesetzte, aber das verhältnis war zu dieser Zeit auch freundschaftlich. wir haben uns auch private Dinge erzählt und sie war mir auch eine gute Mentorin.

RIG — Ich denke jetzt gerade, wenn da so ein gutes Verhältnis war, dann ist es ja eine starke Veränderung. Haben sie eine Idee, was sich da verändert haben kann? Und warum?

CHATTERIN — ich vermute, dass es damit zu tun hat, dass wir mittlerweile hierarchisch gleichgestellt sind und sie vielleicht angst um ihrer Position hat. bislang war die Frau sozusagen die einzige Frau in einer Führungsposition und jetzt bin ich auch da.

RIG — Machen sie der Frau denn ihre Position streitig?

CHATTERIN — Nein. wir sind gleichgestellt.

RIG — Sie schreiben von „Vermutung“ und „vielleicht“… Warum fragen sie sie nicht, um Gewissheit zu gewinnen?

CHATTERIN — Weil ich mir Gedanken darum mache, was dann passiert… Ich bin nicht sicher, ob das Ansprechen die Situation vielleicht noch schlimmer macht und sie dann noch mehr über mich lästert.

RIG — Das kann ich verstehen. Haben sie schon viele negative Erfahrungen gemacht?

CHATTERIN — Eigentlich nicht, aber ich könnte mir das irgendwie gut vorstellen.

RIG — Was für ein Gefühl haben sie dabei, wo sie nicht nachfragen wollen?

CHATTERIN — Mich beschäftigt das sehr. Das ist ja zum Thema. und ich frage mich, was passiert ist, dass die Frau sich heute so mir gegenüber verhält. Außerdem will ich nicht, dass im Betrieb so über mich gesprochen wird.

RIG — Wie können Sie verhindern, dass im Betrieb über sie gesprochen wird?

CHATTERIN — garnicht. Das ist das Problem

RIG — Naja, das ist ja jetzt ein Dilemma. Auf der einen Seite wollen sie die Kollegin nicht ansprechen und auf der anderen Seite wollen sie nicht, dass sie schlecht über sie redet.

CHATTERIN — Ja.

RIG — Können sie sich vorstellen, ihre Betroffenheit in Worte zu fassen?

▶

CHATTERIN — Find ich schwierig. Betroffenheit gehört für mich nicht ins Berufsleben.

RIG — Dann möchte ich an dieser Stelle noch mal nachhaken: Geht es ihnen eigentlich mehr darum, die Situation für sich selber zu klären oder wie sie mit der Kollegin umgehen?

CHATTERIN — Teils teils… Vorrangig ist das der Job läuft, aber wenn da keine persönliche Beziehung gewesen wäre, könnte ich mit dem Lästern wahrscheinlich auch besser umgehen. Dann wäre es wohl eher so, dass ich denken würde, es wird immer über andere gesprochen... jetzt bist Du einfach mal dran.

RIG — Wie wäre es denn, wenn sie es so sagen: "Ich habe über jemand anderen gehört, dass sie schlecht über mich gesprochen haben. Und ich habe auch das Gefühl, dass sich in unserer Beziehung was verändert hat."

CHATTERIN — Mmh, ja vielleicht.

RIG — Können sie sich ja mal überlegen, ob das eine Formulierung wäre, die sie nutzen können.

CHATTERIN — Ja, das mache ich. …

RIG — Ok… Dann wünsche ich Ihnen jetzt noch einen schönen Abend und ein gutes Gespräch mit Ihrer Kollegin.

CHATTERIN — Danke. Schönen Abend.

Und so hat der Förderverein der ökumenischen Telefonseelsorge Hagen e.V. im Jahre 2012 dieses neue Angebot ins Leben gerufen, eine Art Situationshilfe im Sinne der Gesundheitsvorsorge, das von den ehrenamtlichen und qualifizierten Mitarbeiterinnen und Mitarbeitern geleistet wird. Die Mitarbeiterinnen und Mitarbeiter sind nach den Richtlinien der Rahmenordnung für die Aus- und Fortbildung ehrenamtlicher Mitarbeiterinnen und Mitarbeiter in der TelefonSeelsorge und der Deutschen Gesellschaft für Online-Beratung e.V. ausgebildet. In dem ersten Jahr haben rund sechzig Menschen das Angebot in Anspruch genommen. Das sind relativ Wenige, und es liegt auch daran, dass wir für die gesamte Öffentlichkeitsarbeit keine weiteren Kapazitäten haben.

07

FIRMENGESCHICHTE AUS DER ZEIT DER TELEFONSEELSORGE HAGEN-MARK

1969 gibt es die ersten Überlegungen zur Gründung einer ökumenischen TelefonSeelsorge in Hagen. Pfarrer Lohmeyer und Bezirksvikar Stöckeler nehmen an einem Studienseminar für Leiter von TelefonSeelsorgestellen in Berlin teil.

1970 bildet sich ein Initiativkreis zur Gründung. Die Mitglieder sammeln weitere Informationen und hospitieren in den Stellen Dortmund, Braunschweig, Kassel und Frankfurt. In dem erarbeiteten Konzept wird die Erreichbarkeit rund um die Uhr, die Anonymität der Anrufenden, die Leitung durch Hauptamtliche, die Arbeit am Telefon durch ausgebildete Ehrenamtliche, ebenfalls anonym, sowie die Möglichkeit zur persönlichen Beratung festgeschrieben.

1971 stimmen das Erzbischöfliche Generalvikariat Paderborn und die Kreissynode Hagen der Gründung der TelefonSeelsorge Hagen zu und übernehmen jeweils 50 Prozent der Kosten, welche 60.000 DM im Jahr nicht überschreiten dürfen.

1972 wird das offizielle Kuratorium installiert und eine Wohnung angemietet.

1973 wird Pastor Bruno Schnaas Leiter der TS und Diakon Friedel Eichler stellvertretender Leiter. Die Ausbildung der ehrenamtlichen Mitarbeitenden beginnt.

1974 wird am 2. April die TelefonSeelsorge Hagen mit einem ökumenischen Gottesdienst unter dem Thema „Angebot Hoffnung" feierlich eröffnet. Am 3. April nehmen fünfundfünfzig ausgebildete Ehrenamtliche die Arbeit auf. Ein Schülertelefon für die Zeit rund um die Zeugnisausgabe entsteht ebenfalls in unseren Räumen.

1975 besucht uns der Begründer der Telefonseelsorge in Europa, Chad Varah.

1976 findet der IFOTES (Internatonal Federation of Telefon Emergency Services) Kongress in Berlin unter dem Thema „Possibilities and limits of interventions in the case of a crisis", statt.

1978 verabschieden die Evangelische Konferenz für TelefonSeelsorge und die katholische Arbeitsgemeinschaft TelefonSeelsorge auf der Mitgliederversammlung die

1978 bundesweit verbindlichen „Leitlinien für den Dienst der Telefonseelsorge“.

1979 feiern wir unser fünfjähriges Jubiläum mit einem ökumenischen Gottesdienst. IFOTES hält in Reims seinen Kongress zum Thema „Solitud and suicid“ ab.

1980 führt die Deutsche Bundespost den acht-Minuten-Zeittakt bei Ortsverbindungen ein. Bis dahin wurde ein Ortsgespräch, egal wie lang, mit einer Einheit abgerechnet. Der sogenannte Ortsbereich wird auf den Nahbereich ausgedehnt. Die Deutsche Bundespost gewährt der TelefonSeelsorge die bundeseinheitlichen Sonderrufnummern 11101 und 11102 (zuzüglich der Ortsvorwahl). Damit wird die TelefonSeelsorge von der Einführung des Zeittaktes ausgenommen. Aufgrund der vielen Anruferinnen und Anrufer mit einem Trauerfall initiieren die Mitarbeitenden der TelefonSeelsorge einen ersten Gesprächskreis für Trauernde.

1982 berät die Kreissynode Hagen erstmalig über Sparmaßnahmen. Der IFOTES Kongress mit dem Thema: „People in crises: challenge and response“ findet in York statt.

1983 besucht uns Erzbischof Degenhardt zum ersten Mal.

1984 erscheint die erste Ausgabe der Zeitschrift „AUF DRAHT“. Damit gibt es ein „internes Forum zum Austausch von Erfahrungen und Informationen für Ehrenamtliche und Hauptamtliche der Telefonseelsorgestellen und Offenen Türen in Deutschland“. AUF DRAHT wird von der evangelisch-katholischen Kommission für TelefonSeelsorge und Offene Tür herausgegeben. Wir feiern unser zehnjähriges Jubiläum mit einem Festvortrag von Prof. Dörner.

1985 wird die Anonymität der ehrenamtlich Mitarbeitenden aufgelockert: Sie beginnen mit der Öffentlichkeitsarbeit und besuchen Gemeinden und halten Vorträge. Der IFOTES Kongress in Rom hat das Thema: „Possibilities of help in crises – Place of the volunteer in our society“.

1987 wird die bundesweit einheitliche Statistik der TelefonSeelsorge eingeführt.

1988 findet der IFOTES Kongress zum Thema: „The TES for whom, for what and how?" in Helsinki statt.

1991 beginnt die Partnerschaft mit der TelefonSeelsorge Magdeburg. Der IFOTES Kongress in Amsterdam hat das Thema „Meeting - Encounter".

1994 wird das neue Grundlagenpapier der Ehrenamtlichen-Vertretung verabschiedet. Es ermöglicht den Ehrenamtlichen eine neue, verantwortungsvollere Form der Beteiligung an den Belangen der Arbeit. Der IFOTES Kongress ist diesmal in Jerusalem, Thema: „Help and Hope".

1995 beginnt im Oktober die Beratung per E-Mail.

1996 wird Friedel Eichler im Februar nach einundzwanzig Jahren verabschiedet. Im Juni wird Birgit Knatz als evangelische Leiterin eingestellt. Im Oktober erfolgt die Gründung der Projektgruppe Öffentlichkeitsarbeit. Sie soll neue Anruferinnen- und Anrufergruppen erschließen, neue Leute zur Mitarbeit ansprechen und an der Veränderung des kirchlichen Images mitwirken.

1997 feiert die TelefonSeelsorge Deutschland ihr vierzigjähriges Jubiläum unter der Schirmherrschaft von Bundestagspräsidentin Rita Süssmuth. Thema: „Ehrenamt im Wandel". Der erste Computer hält Einzug bei uns. Der IFOTES Kongress in Lindau hat das Thema „No barriers, no boundaries". Auf dem Kongress wird die Regionalisierung verkündet. Am 1.7.1997 trat die Regionalisierung aller Telefonseelsorgestellen in Deutschland in Kraft, die flächendeckende Erreichbarkeit unter den „freecall-Nummern" 0800-1110111 und 0800-1110222 wurde eingeführt. Wir erhalten durch diesen Schritt ein festes Einzugsgebiet, aus dem wir unter der Nummer kostenfrei zu erreichen sind. Die Gebühren trägt die Deutsche Telekom, die auch dafür sorgt, dass diese Anrufe nicht in den Einzelverbindungsnachweisen erscheinen. Unserer TelefonSeelsorge wurden Schwerte, Iserlohn, Menden, Hemer, Balve, Plettenberg, Werdohl, Neuenrade, Altena, Schalksmühle, Lüdenscheid, Herscheid, Meinerzhagen, Kierspe, Halver, Breckerfeld, Ennepetal, Gevelsberg, Wetter, Herdecke und Hagen zugeordnet.

1998 hat sich die Zahl der Anrufe mit der Einführung der Gebührenfreiheit verdreifacht. Im August wird Dr. Stefan Schumacher der neue katholische Leiter.

1999 feiert die TelefonSeelsorge Hagen ihr 25-jähriges Jubiläum. Der Name „TelefonSeelsorge" mit großem Binnen-S wird patentrechtlich geschützt, um der zunehmenden kommerziellen Konkurrenz sowie dem Missbrauch des Namens zu begegnen.

2000 wirken wir an einer europäischen Studie (Daphne) mit, die sich mit dem Phänomen der Gewalt im Kontext der TelefonSeelsorge beschäftigt. Unter der Leitung von Birgit Knatz bildet ein Team von ehrenamtlichen Mitarbeitenden niederländische Kolleginnen und Kollegen des SOS-Hulpdienst für die E-Mail-Beratung aus. Der IFOTES Kongress findet in Sevilla mit dem Thema „What hope for the coming millennium" statt.

2001 wird die erste Webseite www.telefonseelsorge-hagen.de eingerichtet.

2002 wird der Umzug aus der beengten Wohnung in größere Räumlichkeiten möglich. Die 70 ehrenamtlichen Frauen und Männer sind dankbar für die verbesserten Arbeitsbedingungen. Ein weiterer Schritt aus der Anonymität der Mitarbeitenden beginnt: Es findet die erste öffentliche Ausstellung in unseren Räumen statt. Am Tag des Ehrenamtes kommen über 1000 ehrenamtliche Mitarbeiterinnen und Mitarbeiter der TelefonSeelsorge in Deutschland zusammen um zu feiern. Bundespräsident Johannes Rau würdigte die Arbeit.

2003 begleiten wir das Projekt Mensch-Arbeit der Diözese Paderborn, das eine webbasierte Seelsorge- und Beratungsplattform entwickelt. Der IFOTES Kongress findet in Ljubljana statt, Thema ist „The joy of living".

2004 feiern wir unser 30-jähriges Jubiläum. Frau Marianne Hoppe wird das Bundesverdienstkreuz am Bande verliehen.

2005 wird aus der Telefon-Seelsorge Hagen die TelefonSeelsorge Hagen-Mark, um die regionale Zuständigkeit zu dokumentieren. Bei der Umbenennung wird sich an der Grafschaft Mark orientiert. Sie bezeichnete ein Gebiet, welches westlich durch den Haarstrang, nördlich durch den Hellweg, südlich durch das Sauerland und östlich durch die Ruhr begrenzt wurde. Wir steigen in die Chat-Seelsorge der bundesweiten Arbeit der „TelefonSeelsorge im Internet" ein.

2006 wird die Fotowanderausstellung „Leben" fertig gestellt, sie repräsentiert unsere Arbeit in ihren vielseitigen Herausforderungen. Unter der Schirmherrschaft des Bundes-präsidenten Dr. Horst Köhler feiert die TelefonSeelsorge Deutschland ihr 50 jährigen Jubiläum in Berlin.

2007 beendet Birgit Knatz die zweijährige berufsbegleitende Ausbildung zur landeskirchlichen Fundraiserin. Der IFOTES Kongress findet in Prato statt, Thema „Emotional Health – a new consciousness". Dr. Stefan Schumacher wird zum Vizepräsidenten von IFOTES gewählt.

2008 werden, einmalig in der Geschichte der 106 TelefonSeelsorge-Stellen in Deutschland mit ihren über mehr als 7000 ehrenamtlichen Mitarbeitenden, drei Bundesverdienstkreuze innerhalb einer Stelle verliehen: Für ihr über 30-jähriges ehrenamtliches Engagement in unserer Stelle werden Frau Erika Hoff, Frau Marlene Roehder und Frau Christa Tegel-Walther das Bundesverdienstkreuz am Bande verliehen.

2009 findet der Umzug in das ökumenische und evangelische Zentrum „Himmel@Erde" statt. Ein zweites Notrufzimmer wird eingerichtet, die Chatberatung wird weiter ausgebaut.

2010 verleiht die Sparkasse Hagen den Bürgerpreis „Retten, helfen, Chancen schenken" an die ehrenamtlichen Mitarbeitenden. Wir präsentieren uns in dem sozialen Netzwerk facebook. Der IFOTES Kongress findet in Wien statt, Thema „Listening for Peace – exploring alternatives to violence".

2010 Dr. Stefan Schumacher wird zum IFOTES-Präsidenten gewählt.

2011 wird Herrn Theo Zobel für sein 30-jähriges ehrenamtliches Engagement in unserer Stelle das Bundesverdienstkreuz am Bande verliehen.

2012 reagiert der Förderverein der ökumenischen Telefonseelsorge Hagen e.V. auf die zurückgegangene Zahl von Erstanrufen mit dem regionalen Angebot: Reden-ist-gold.org, ein emotionales Coaching für berufstätige Menschen per Telefon, Mail und Chat. Birgit Knatz wird von der evangelischen und katholischen Kommission als verantwortliche Redakteurin von AUF DRAHT berufen. Die TelefonSeelsorge Hagen-Mark wird Sitz des Fördervereins IFOTES Europe mit dem Ziel, durch Projekte der Europäischen Union gefördert zu werden.

2013 Der IFOTES Kongress findet in Goteborg mit dem Thema „Vulnerability as a challenge" statt. Dr. Stefan Schumacher wird für eine weitere Legislaturperiode zum IFOTES-Präsidenten gewählt. Im Juli wird die servergestützte Software-Plattform ACD zur automatischen Verteilung von Anrufen eingeführt. Diese Technik bietet eine bessere Erreichbarkeit und eine technische Möglichkeit mit missbräuchlichen Anrufenden umzugehen. Die Anrufe verdoppeln sich. Im September erscheint das Handbuch Internetseelsorge von Birgit Knatz.

2014 arbeiten 82 ehrenamtliche Frauen und Männer in der TelefonSeelsorge Hagen-Mark. Neunzehn Frauen und Männer befinden sich in der Ausbildung und acht Honorarkräfte tragen mit zur Qualifizierung der Ehrenamtlichen bei. Das Durchschnittsalter liegt bei siebenundfünfzig Jahren und die Durchschnittsverweildauer bei elf Jahren. 37% der Mitarbeitenden sind evangelisch, 29% katholisch und 34% konfessionslos mit einer Verbundenheit zur Kirche. Birgit Knatz und Dr. Stefan Schumacher leiten die TelefonSeelsorge Hagen-Mark, für das Büromanagement ist Martina Wiesemann zuständig.

TelefonSeelsorge Hagen-Mark
Dödterstr. 10
58095 Hagen

Tel. 02331 – 17 773
Fax 02331 – 13 700
kontakt@telefonseelsorge-hagen-mark.de

www.telefonseelsorge-hagen-mark.de

Sorgen kann man teilen
0800 – 111 0 111
0800 – 111 0 222

Förderverein der ökumenischen Telefonseelsorge Hagen e.V.
Dödterstr. 10
58095 Hagen

Tel. 02331 – 17 773

Bank für Kirche und Caritas eG

IBAN DE79 4726 0307 0011 9300 00
BIC GENODEM1BKC

Freistellungsbescheid des Finanzamt Hagen St-Nr. 321/5737/1038